ImageFlow/Shutterstock

Empresas transnacionais: uma visão internacionalista
Ludmila Andrzejewski Culpi
2ª edição · Revista e atualizada

Rua Clara Vendramin, 58 • Mossunguê
CEP 81200-170 • Curitiba • PR • Brasil
Fone: (41) 2106-4170
www.intersaberes.com
editora@intersaberes.com

conselho editorial •	Dr. Alexandre Coutinho Pagliarini
	Drª Elena Godoy
	Dr. Neri dos Santos
	Mª Maria Lúcia Prado Sabatella
editora-chefe •	Lindsay Azambuja
gerente ediorial •	Ariadne Nunes Wenger
assistente editorial •	Daniela Viroli Pereira Pinto
edição de texto •	Letra & Língua Ltda. – ME
	Monique Francis Fagundes Gonçalves
capa •	Laís Galvão (*design*)
	Stocker-13, BSVIT e matsabe/Shutterstock(imagens)
projeto gráfico •	Raphael Bernadelli
adaptação de projeto gráfico •	Sílvio Gabriel Spannenberg
designer *responsável* •	Sílvio Gabriel Spannenberg
diagramação •	Will Amaro
iconografia •	Sandra Lopis da Silveira
	Regina ClaudiaCruz Prestes

Dado internacionais de Catalogação na Publicação (CIP)
(Câmara Brasileira do Livro, SP, Brasil)

• • •

Culpi, Ludmila Andrzejewski
    Empresas transnacionais : uma visão internacionalista /
Ludmila Andrzejewski Culpi. -- 2. ed. -- Curitiba, PR :
InterSaberes, 2024.

    Bibliografia.
    ISBN 978-85-227-1327-1

    1. Empresas multinacionais 2. Globalização I. Título.

24-204510   CDD-338.88

• • •

Índices para catálogo sistemático:
1. Empresas multinacionais : Economia   338.88

Cibele Maria Dias - Bibliotecária - CRB-8/9427

1ª edição, 2019.
2ª edição, 2024 – revista e atualizada.

Foi feito o depósito legal.

Informamos que é de inteira responsabilidade da autora a emissão de conceitos.

Nenhuma parte desta publicação poderá ser reproduzida por qualquer meio ou forma sem a prévia autorização da Editora InterSaberes.

A violação dos direitos autorais é crime estabelecido na Lei n. 9.610/1998 e punido pelo art. 184 do Código Penal.

Sumário

Apresentação, 11

Como aproveitar ao máximo este livro, 15

capítulo um   Globalização: aspectos teóricos e históricos, 20

    1.1   Abordagem teórico-conceitual do processo de globalização, 23

    1.2   Evolução histórica da globalização, 29

capítulo dois   Origem histórica e conceitos: empresas transnacionais, 52

    2.1   Origem e evolução histórica da internacionalização das empresas, 55

    2.2   Definição de internacionalização, 63

    2.3   Definição de empresas multinacionais e transnacionais, 65

    2.4   Processos e formas de internacionalização das empresas, 72 *capítulo três* **Abordagem teórica da internacionalização de empresas, 84**

3.1 Teorias econômicas da internacionalização, 86

3.2 Teorias comportamentalistas da internacionalização, 95

capítulo quatro **Estratégias das empresas multinacionais e transnacionais, 116**

4.1 Estratégias de gestão das empresas e as funções das subsidiárias, 118

4.2 Impactos econômicos, sociais e culturais das empresas, 121

4.3 Como negociar com culturas diferentes, 127

4.4 Onde as empresas investem e onde não investem?, 133

capítulo cinco **Impactos das multinacionais nas relações internacionais, 146**

5.1 As multinacionais no século global, 148

5.2 Relação entre o país receptor e as multinacionais, 156

5.3 As multinacionais *versus* o Estado-nação: diminuição da soberania do Estado?, 157

capítulo seis **Estudos de caso da internacionalização de empresas brasileiras com aplicação teórica, 170**

6.1 Estudos de caso da internacionalização de uma empresa do setor de transportes: Marcopolo, 173

6.2 Estudo de caso da internacionalização de uma empresa do setor alimentício: JBS-Friboi, 177

6.3 Estudo de caso da internacionalização de uma empresa do setor de cosméticos: O Boticário, 182

6.4 Estudo de caso da internacionalização de uma empresa do setor têxtil médico: Fitesa, 185

6.5 Estudo de caso da internacionalização das *fintechs* brasileiras, 187

6.6 Análise histórica da transnacionalização das empresas brasileiras até 2023, 193

Considerações finais, 207

Referências, 211

Respostas, 221

Sobre a autora, 229

Dedicatória

Dedico esta obra aos meus pais, Sélia e Roberval, que sempre confiaram em minhas escolhas e em minha capacidade.

Apresentação

Discutimos, neste livro, o papel exercido pelas empresas transnacionais no sistema internacional e apresentamos suas principais caraterísticas e os desafios que estas impõem ao cenário internacional. Fornecemos, aqui, ferramentas teóricas e conceituais para que você analise o impacto dessas empresas nas relações internacionais.

Com a leitura deste livro, você aprimorará seu entendimento sobre a natureza e a diversidade do fenômeno dos negócios internacionais e dos efeitos que estes exercem nas economias domésticas e no sistema econômico internacional. Além disso, mostramos uma concepção heterogênea sobre o fenômeno da expansão das empresas transnacionais.

No século XX, as empresas multinacionais cresceram em uma proporção tão ampla que, hoje, fazem parte de nosso cotidiano de maneira muito abrangente. Para exemplificar, pense no seguinte: dos celulares que você utiliza, passando pelos produtos cosméticos que consome, pelos carros que dirige, levando em conta o combustível que o faz se movimentar, até os computadores e *softwares* que usa, chegando ao café que bebe e ao *fast-food* que ingere, é certo que a maioria desses produtos veio de corporações multinacionais.

Nesse sentido, além do impacto decisivo em nossas vidas, essas corporações têm afetado sobremaneira a dinâmica internacional, pois passaram a atuar como atores políticos e sociais, sobretudo se levarmos em conta que muitas empresas transnacionais são organizações poderosas que possuem mais recursos que muitos Estados independentes.

Além disso, essas empresas continuam crescendo em importância e em número, um fenômeno ocasionado principalmente pela intensificação das relações de interdependência e pelo consumo no mundo. A relevância econômica dessas organizações fornece poder para que afetem inclusive as relações entre Estados, e o tamanho de suas atividades econômicas permite que exerçam controle político sobre os interesses de certas nações.

Essas corporações podem intervir nas decisões políticas de seus países de origem e, sendo assim, são atores que desafiam a centralidade dos Estados no sistema internacional, o que justifica, para nós, um estudo mais abrangente sobre essas organizações.

Tendo isso em vista, esta obra está organizada de modo a facilitar a compreensão desses aspectos. No **primeiro capítulo**, tratamos do processo histórico da globalização, a fim de compreendermos o contexto em que as empresas multinacionais surgiram e se expandiram. Primeiramente, exploramos as diferentes definições de *globalização* e depois apresentamos as várias fases pelas quais esse fenômeno passou, bem como as diferentes etapas do capitalismo e o conceito de capitalismo de Estado e sua interlocução com o processo de internacionalização de empresas.

No **segundo capítulo**, abordamos os aspectos conceituais e históricos das empresas multinacionais, caracterizando a origem do fenômeno internacionalização das empresas e estabelecendo o regime fordista-taylorista e o toyotista como paradigmas para a organização industrial. Em seguida, analisamos as diferenças entre empresas multinacionais e transnacionais. Por último, explicitamos os processos e as formas de internacionalização das empresas, indicando os diferentes tipos de contratos e de atividades realizadas pelas empresas no exterior.

No **terceiro capítulo**, apresentamos as diferentes abordagens da internacionalização de empresas, com o objetivo de compreender seus aspectos teóricos e de permitir ao internacionalista aplicar os pressupostos conceituais no estudo de casos reais. As perspectivas teóricas sobre internacionalização são divididas em duas grandes correntes: (i) as abordagens econômicas, que analisamos em um primeiro momento, (ii) e as abordagens comportamentais, cujos pressupostos abordamos na sequência. As teorias econômicas são: teoria do poder de mercado, teoria da internalização, teoria do ciclo do produto e, por fim, a mais conhecida, o paradigma eclético de Dunning. Por sua vez, as teorias comportamentais são: a Escola de Uppsala, a mais adotada entre todas, o modelo de redes e a abordagem *International Enterpreunership View*.

No **quarto capítulo**, avaliamos as estratégias das empresas multinacionais e transnacionais, indicando as funções atribuídas às suas subsidiárias no exterior. Investigamos, ainda, os impactos econômicos, sociais e culturais das operações das empresas transnacionais nos países receptores. Ainda, examinamos como as diferentes culturas se comportam nas negociações e quais informações são importantes para uma negociação com cada cultura. Por fim, analisamos os critérios adotados pelas empresas na decisão de quais países são boas escolhas e onde o investimento não será priorizado.

No **quinto capítulo**, abordamos os impactos das multinacionais nas relações internacionais e estudamos as relações entre o país receptor e o país de origem das multinacionais. Além disso, investigamos a possibilidade de diminuição da soberania e do poder do Estado pela atuação doméstica e internacional das grandes corporações.

Por fim, no **sexto capítulo**, tratamos mais profundamente de alguns estudos de caso de internacionalização de empresas brasileiras, sendo uma do setor de transportes (Marcopolo), outra do setor alimentício (JBS-Friboi), outra do setor de cosméticos (O Boticário) e uma do setor têxtil/médico (Fitesa). É válido ressaltar que todos os capítulos apresentam estudos de caso direcionados aos temas tratados, mas optamos por criar este capítulo com uma abrangência maior nesse sentido, pois, desse modo, você compreenderá melhor as particularidades do processo de internacionalização de empresas brasileiras, com ênfase sobre o processo de 2015 a 2023. E se você é ou pretende ser pesquisador dessa área, este capítulo lhe possibilitará verificar a aplicação das teorias de internacionalização e da corrente econômica e comportamental, em casos reais de atuação externa de empresas. Também oferecemos uma avaliação do processo de internacionalização das *fintechs* plataformas, de modo geral, apresentando alguns casos da realidade brasileira. Esse fenômeno revela traços associados ao crescimento das *startups* de tecnologia que têm potencial e propensão ao processo de internacionalização, o que gera vantagens, mas não elimina os desafios da inserção externa.

Como aproveitar ao máximo este livro

Empregamos nesta obra recursos que visam enriquecer seu aprendizado, facilitar a compreensão dos conteúdos e tornar a leitura mais dinâmica. Conheça a seguir cada uma dessas ferramentas e saiba como estão distribuídas no decorrer deste livro para bem aproveitá-las.

Conteúdos do capítulo
Logo na abertura do capítulo, relacionamos os conteúdos que nele serão abordados.

Após o estudo deste capítulo, você será capaz de:
Antes de iniciarmos nossa abordagem, listamos as habilidades trabalhadas no capítulo e os conhecimentos que você assimilará no decorrer do texto.

Conteúdos do capítulo
- A origem histórica da internacionalização das empresas.
- O regime fordista-taylorista como paradigma para a organização industrial e o toyotismo.
- Definição de *internacionalização* e de *empresas multinacionais* e *transnacionais*.
- Processos e formas de internacionalização das empresas.

Após o estudo deste capítulo, você será capaz de:
1. contextualizar o processo histórico de internacionalização de empresas;
2. compreender o conceito de *internacionalização*;
3. entender os conceitos de *empresa multinacional* e de *empresa transnacional*;
4. analisar as formas pelas quais uma empresa pode se inserir no mercado externo.

Estudo de caso

Estudo de caso

Nesta seção, relatamos situações reais ou fictícias que articulam a perspectiva teórica e o contexto prático da área de conhecimento ou do campo profissional em foco com o propósito de levá-lo a analisar tais problemáticas e a buscar soluções.

A parceria entre uma ONG e a TIM Nordeste: responsabilidade social das empresas[3]

No ano de 2003, desenvolveu-se uma relação de parceria entre a Casa de Passagem (ONG) e a TIM Nordeste (uma empresa multinacional), por meio de uma convergência de interesses. A Casa de Passagem procurava empresas para colaborar e a TIM buscava ONGs para apoiar financeiramente, e os esforços de aproximação aconteceram por intermédio de relações pessoais entre funcionários das duas empresas. Todavia, a concretização da parceria só se consolidou após um ano do contato inicial.

A ONG em questão tem seus trabalhos direcionados para o público feminino, uma área que recebia pouco financiamento de outras empresas. Tendo isso em vista, a TIM decidiu investir nela, pois sempre teve interesse de diferenciar-se no mercado e melhorar sua imagem, o que se relaciona à lógica de poder brando empregada por Sarfati (2008).

A TIM destinou uma quantia de 3 mil reais (R$ 3.000,00) por mês à ONG. Outra fonte de renda para a Casa foi a venda de produtos TIM nos eventos da Casa de Passagem. Ademais, foram oferecidos brindes aos clientes com produtos fabricados pelas moradoras da ONG, e a TIM estabeleceu a condição de que o recurso fosse usado apenas no programa Passagem para a Vida, destinado a meninas moradoras de rua.

Podemos analisar primeiramente o intuito da empresa de se diferenciar no mercado, ao financiar apenas o programa que atende ao sexo feminino. É possível perceber que essas alianças são usadas de modo instrumental, a partir da eleição de estratégicas.

---

[3] Estudo de caso elaborado com base em Monte (2004).

Síntese

Síntese

Ao final de cada capítulo, relacionamos as principais informações nele abordadas a fim de que você avalie as conclusões a que chegou, confirmando-as ou redefinindo-as.

Neste capítulo, apresentamos a origem histórica das empresas e o seu processo de internacionalização. Em um segundo momento, analisamos o regime fordista-taylorista, essencial para o aumento da produtividade das grandes empresas, como paradigma para a organização industrial. Posteriormente, observamos como o toyotismo, modelo japonês de organização industrial, contribuiu para a racionalização da produção das grandes corporações.

Abordamos, ainda, as definições de *empresas multinacionais* e *transnacionais*, bem como as formas de inserção internacional das empresas. Vimos que é possível classificar uma empresa de diferentes modos, mas a categorização que nos pareceu mais adequada é a de Bartlett e Ghoshal (2008) – internacionais, multinacionais, globais e transnacionais –, a qual leva em conta que cada corporação se diferencia pelas características, pelo controle, pela mentalidade e pelo organograma.

A internacionalização, por sua vez, é entendida como um produto da crescente interdependência entre os Estados e resulta na expansão da atuação internacional das empresas. Depreende-se que a transnacional supera a lógica das fronteiras geográficas, bem como tem seu capital aberto a bolsas de valores. Por sua vez, a multinacional recebe menor acesso ao crédito e tem uma referência nacional, mesmo atuando em vários países.

Sobre as formas de internacionalização, explicamos que existem as exportações, muitas vezes realizadas como venda de tecnologia em suas diferentes formas, entre outras. Entendemos que vários elementos interferem na decisão de como ingressar no mercado internacional, como as barreiras tarifárias, a natureza da demanda, os objetivos etc. Optamos por apresentar mais profundamente aqui a exportação, a via contratual, as franquias, as alianças estratégicas (que podem ser fusões, participação societária, *joint ventures* etc.) e os contratos de gestão.

Questões para revisão
Ao realizar estas atividades, você poderá rever os principais conceitos analisados. Ao final do livro, disponibilizamos as respostas às questões para a verificação de sua aprendizagem.

Questões para revisão

1. Apresente os quatro estágios de inserção internacional das empresas multinacionais segundo Bresser-Pereira (1978).
2. Aponte as características centrais do método de produção fordista-taylorista e a transição para o método flexível (toyotismo).
3. Analise as afirmativas a seguir a respeito do processo de internacionalização.
   I. Segundo Chesnais (1996), as três formas de internacionalização são: exportação, investimento externo direto e alianças estratégicas.
   II. Uma das formas de internacionalização é por meio da venda de tecnologia, e as maneiras de se fazer essa operação são: *franchising*; *joint venture*; e licenciamento.
   III. De acordo com Porter (2003), as empresas de sucesso no mercado externo têm uma característica comum, que é a vantagem da inovação tecnológica.
   IV. A internacionalização é vista como fruto da globalização e deve ser entendida no contexto de interdependência entre Estados, a partir da ampliação das relações econômicas internacionais.

Assinale a alternativa correta:
a. III e IV estão corretas.
b. I e II estão corretas.
c. I, III e IV estão corretas.
d. I, II e III estão corretas.
e. Todas estão corretas.

Questões para reflexão
Ao propor estas questões, pretendemos estimular sua reflexão crítica sobre temas que ampliam a discussão dos conteúdos tratados no capítulo, contemplando ideias e experiências que podem ser compartilhadas com seus pares.

Questões para reflexão

1. Apresente exemplos de empresas (brasileiras ou estrangeiras) que optaram pelas formas de internacionalização apresentadas na Seção 2.4.
2. Como ocorreu o processo de internacionalização das empresas brasileiras? Do seu ponto de vista, a entrada de multinacionais impõe mais impactos positivos ou negativos ao Brasil?

Para saber mais

BRESSER-PEREIRA, L. C. Empresas multinacionais e interesse de classe. **Encontros com a civilização brasileira**, n. 4, p. 11-27, out. 1978. Disponível em: <http://www.bresserpereira.org.br/papers/1978/78-Empresas Multinacionais.pdf>. Acesso em: 25 jun. 2024.

Esse texto é fundamental para entender o conceito de *multinacional*, bem como compreender o processo de expansão em etapas experimentado pelas grandes corporações. O artigo apresenta também um estudo sobre o avanço das multinacionais brasileiras e o vínculo político dessas empresas, além de analisar os interesses de classe envolvidos.

Para saber mais
Sugerimos a leitura de diferentes conteúdos digitais e impressos para que você aprofunde sua aprendizagem e siga buscando conhecimento.

capítulo um

Globalização: aspectos teóricos e históricos

Conteúdos do capítulo

- Abordagem teórica do processo de globalização.
- Evolução histórica da globalização e do neoliberalismo.
- O conceito de *capitalismo de Estado* e a internacionalização de empresas estatais.

Após o estudo deste capítulo, você será capaz de:

1. entender os conceitos relacionados à globalização;
2. compreender o processo histórico de evolução da globalização;
3. analisar os traços centrais do capitalismo de Estado e a internacionalização de empresas estatais.

O termo *globalização* é frequentemente utilizado na mídia e em rodas de conversa. Todos conhecemos o inegável impacto que esse efeito tem em nossas vidas, uma vez que a globalização se manifesta como um fenômeno não exclusivamente econômico (embora esse aspecto seja o mais central para esta obra), mas também com efeitos políticos, sociais, culturais e comportamentais. Um bom exemplo é a internet, sobretudo depois do advento das redes sociais, por meio da qual temos acesso a informações, produtos, vídeos, músicas e conhecimentos de todas as partes do globo. Nesses parâmetros, podemos considerar que nós, brasileiros, temos acesso a produtos que antes eram consumidos apenas por algumas nações, e vice-versa. Além disso, nós assistimos aos mesmos filmes que boa parte dos cidadãos de outros países assiste, consumimos iguais marcas e produtos, desejamos um padrão e um estilo de vida semelhante. Strange (1996) e Bauman (2008) argumentam que, a partir dos anos 1970, o estilo de vida dos países ricos foi copiado pelos países menos desenvolvidos. Segundo Culpi (2014, p. 15), isso "promovia a reprodução de um consumo cada vez menos sustentável. Os Estados, que percebem a relevância social do consumo, o colocam como objeto de política e uma variável estratégica relevante. Porém, quanto ao impacto do consumo sobre o meio ambiente, embora seja uma questão na pauta internacional, poucos são os compromissos firmados".

Todos esses fatos são consequência do denominado *processo de globalização*. Segundo Hirst e Thompson (1998, p. 13), a "globalização se tornou um conceito em moda nas ciências sociais [...], uma espécie de *slogan* para jornalistas e políticos de qualquer linha". Podemos afirmar que passamos por um momento em que as esferas sociais são determinadas por fenômenos internacionais, em um contexto de desaparecimento de certos costumes nacionais e de eliminação das divisões entre as fronteiras. Uma economia global emergiu e, com isso, as estratégias nacionais se tornam cada vez menos determinantes. A economia internacional se internacionalizou em tal nível que os principais agentes não são mais os Estados e os indivíduos, mas as grandes corporações transnacionais, que não têm compromisso direto com os Estados e se consolidam em qualquer local em que observem vantagens econômicas.

Tendo isso por base, faremos, neste capítulo, uma introdução aos aspectos históricos e teóricos do fenômeno da globalização, buscando entender seus impactos para as relações internacionais. Assim, traçaremos o contexto histórico, político e econômico em que se situa o processo de internacionalização das empresas.

1.1 Abordagem teórico-conceitual do processo de globalização

Para compreendermos o papel assumido pelas empresas transnacionais na ordem global contemporânea, precisamos estudar os aspectos teórico-conceituais e históricos da globalização, tendo em vista que é um fenômeno fundamental nesse cenário.

A globalização pode ter várias interpretações, isto é, pode ser entendida sob vários enfoques.

Para alguns autores críticos, é vista como ideologia para atender aos interesses das empresas transnacionais (Vieira, 1997).

Para outros teóricos, representa um fenômeno real em diferentes esferas: na econômica, política e cultural (Vieira, 1997).

No aspecto cultural, muitos defendem que provoca um processo de homogeneização, isto é, de prevalência de uma "visão de mundo" e de uma forma de organização de vida (a ocidental capitalista) que promove a padronização do comportamento humano (Ianni, 2002).

Outra visão defende que a globalização não é incompatível com a diversidade cultural, pois a difusão de informações torna o contato com novas culturas mais acessível (Ortiz, 1994). O mesmo autor argumenta, ainda, que a globalização promove diferenciação, e não homogeneização.

Esse processo tem se intensificado no decorrer dos últimos anos, especialmente a partir da década de 1970, principalmente em razão do avanço nos transportes e nas telecomunicações e do progresso tecnológico. Há um consenso de que ele promove profundas transformações nas relações entre Estados e entre indivíduos das diferentes sociedades.

Em geral, a globalização é entendida como um fenômeno essencialmente econômico, que pode ter impactos sobre a qualidade de vida das pessoas, provocando efeitos negativos em algumas sociedades e positivos em outras.

Com relação à contextualização do processo, a globalização é compreendida por alguns autores como um fenômeno consequente da ocidentalização do mundo (a partir especialmente da Revolução Industrial) e por outros autores como um fenômeno recente, que se tornou mais intenso a partir dos anos 1980, com a revolução da informática e da tecnologia. Nesse sentido, Touraine (1998) defende que, no final do século XIX, houve mais do que uma imposição da cultura ocidental aos demais povos, ou seja, ocorreu uma americanização, que representa o impacto da cultura dos Estados Unidos no restante do mundo.

Ainda que a globalização esteja atrelada a eventos econômicos, ela descreve também fenômenos da esfera social. Dessa forma, podemos considerar que está relacionada à transnacionalização das relações econômicas, políticas, sociais e culturais.

Giddens (1991, p. 69), um dos mais importantes teóricos da globalização, define-a como: "A intensificação das relações sociais em escala mundial, que ligam localidades distantes de tal maneira que acontecimentos locais são modelados por eventos que acontecem a muitas milhas de distância e vice-versa".

Vieira (1997) diferencia o localismo globalizado do globalismo localizado. Segundo esse autor, o localismo globalizado refere-se à "globalização bem-sucedida de um fenômeno local". Por sua vez, "o globalismo localizado diz respeito ao impacto de práticas transnacionais sobre condições locais que se desestruturam para atender às demandas globais", como as das grandes empresas (Vieira, 1997, p. 73).

Para Ianni (2002, p. 212), o efeito mais notável da globalização é que o "mundo vai se transformando em território de tudo e de todos, onde tudo se desterritorializa e reterritorializa". Ainda de acordo com esse mesmo autor, a globalização significa "diferenciação em outros níveis, diversidade com outras potencialidades" (Ianni, 1994, p. 159).

É preciso levar em conta, ainda, que o ponto inicial do processo de globalização é a chamada *internacionalização da economia*, com crescimento do comércio e dos investimentos produtivos e financeiros. Dessa forma, podemos entender a globalização dentro do contexto da nova divisão internacional do trabalho, em que cada Estado fica responsável por fornecer alguns produtos específicos para o mercado global, que são aqueles em que o país é mais eficiente na produção (produz com custos menores) do que outros Estados.

É válido dizer que, na década de 1980, o sistema internacional capitalista passou por um abalo com o colapso do Sistema de Bretton Woods (que será mais bem explicado na sequência) e o início da redução da hegemonia dos Estados Unidos. Nesse cenário, o número de privatizações aumentou, a descentralização produtiva se expandiu e houve a flexibilização dos mercados (Ianni, 2002).

De acordo com Ianni (2002, citado por Vieira, 1997, p. 78), mundialmente, as principais consequências desses fenômenos foram:

- a substituição dos espaços divididos do mundo anterior por um unificado em torno do capitalismo;
- "o surgimento do fenômeno complementar de macrorregionalização do mundo", em torno de três áreas centrais: a América do Norte, a Ásia Oriental e a Europa Ocidental;

- a eliminação "dos anteriores Segundo e Terceiro mundo", nomenclaturas que foram substituídas "pela polarização entre países semi-industriais e pré-industriais marginalizados".

Segundo Touraine (1998, p. 10), a globalização se apoia em quatro grandes mudanças, quais sejam:

1. formação de uma sociedade informatizada, que garante a circulação de informações e a revolução das telecomunicações, as quais uniram o globo;
2. internacionalização do capital financeiro, que se associa à ideia do capital especulativo, portador de juros, como a base do capitalismo vigente;
3. emergência de novos países industriais, especialmente o surgimento das chamadas economias emergentes, como o caso dos países do arranjo do Brics (Brasil, Rússia, Índia e China), que passaram a questionar a ordem vigente e propor transformações no sistema, a exemplo do recente Banco dos Brics, formalizado em 2016;
4. influência cultural norte-americana, a partir da propagação do modo de vida dos Estados Unidos da América (EUA) (*american way of life*) e das ideias e normas daquele país para o resto do mundo, o que o consolidou como potência hegemônica.

Sabemos, ainda, que a globalização ocorre sobretudo nas seguintes dimensões:

- **Econômica**: nela os protagonistas, que garantem dinamismo ao sistema, são as empresas, as quais asseguram a produção na economia. A partir do final da década de 1980, ocorreu um processo de abertura das economias, a integração de mercados e privatizações, as quais foram desenvolvidas com base no ideário neoliberal do Consenso de Washington[1].

---

[1] O Consenso de Washington foi um paradigma baseado em 11 princípios, com ênfase na redução da participação do Estado na economia e na promoção de grande liberalização dos mercados (Narlikar; Kumar, 2012).

Essas posições adotadas de reajuste estrutural das economias, com redução do papel do Estado, foram apresentadas como panaceia ao desenvolvimento, mas geravam efeitos sociais.

- **Política**: está relacionada à ideia de crise global dos Estados, associada principalmente aos seguintes episódios:
  - crise da dívida pública, provocada pela queda do preço dos bens primários;
  - queda do bloco comunista com o fim da Guerra Fria, em 1989;
  - terceira fase da crise, na década de 1990, na qual as economias em desenvolvimento, como países da América Latina, sofreram crises de endividamento externo.
- **Social**: nela podemos observar processos de empobrecimento de algumas sociedades e persistência de condições precárias de vida em algumas regiões, como altos índices de fome, mortalidade infantil, analfabetismo, guerras, entre outras mazelas sociais. Quando são defendidos os aspectos positivos da globalização, levando em conta que ela ampliou o acesso a produtos e a informações, muitas vezes não se faz a conexão entre o colapso das economias nacionais e o processo de reestruturação global.
- **Cultural**: nessa dimensão é possível observar o inegável domínio norte americano. Contudo, isso não explica por si só as transformações sofridas pelas sociedades. Nesse sentido, a circulação de ideias e de objetos culturais (como indústria cinematográfica, músicas etc.) é mais bem compreendida quando analisada em termos de mundialização. Uma cultura mundial passa a predominar nos setores heterogêneos dos países, separando-os de suas raízes nacionais. Esse processo de "mundialização da cultura significa ao mesmo tempo diferenciação, descentramento e padronização" (Vieira, 1997, p. 100).

A redução do poder do Estado, ou o desenvolvimento do chamado *mundo Pós-Westfaliano*[2], modificou o conceito de soberania, o que foi consequência do "desenvolvimento do Direito Internacional, que atualmente desafia a concepção clássica de soberania" (Mello, 1999, p. 164). Essa modificação afetou a estrutura das relações internacionais e está associada ao surgimento de novos atores, quais sejam: grandes corporações, que atuam como atores transnacionais e têm poder de influência maior do que muitos Estados; e as Organizações Não Governamentais Internacionais (ONGIs). "As ONGs desafiam noção clássica de soberania ao atuarem em áreas nas quais os Estados muitas vezes são deficientes" (Mello, 1999, p. 164), como meio ambiente, direitos humanos, entre outras. Nesse âmbito da globalização fora do sistema estatal internacional, está se criando um espaço público transnacional com a atuação de uma gama de atores heterogêneos, como a opinião pública internacional, as igrejas, os grupos paramilitares (terroristas) e a sociedade civil organizada.

Nesse sentido, as instituições do Estado de Bem-Estar Social (*Welfare State*)[3] dos países em desenvolvimento parecem se desestruturar a partir dos anos 1990. Desse modo, os Estados são privados de articular uma política autônoma de desenvolvimento e passam a se tornar interdependentes em relação a outros Estados e outros atores não estatais.

Com relação às empresas, no contexto da globalização, a corporação multinacional tornou-se transnacional. A velocidade das novas técnicas de comunicação levou à unificação dos espaços, e os objetos perderam a territorialidade. A seguir, analisaremos a evolução histórica do processo de globalização em suas distintas fases.

---

2 A Paz de Westfália consolidou o conceito de *Estado Nacional*, inaugurando o princípio da soberania estatal. O mundo Pós-Westfaliano seria baseado na dispersão do poder e na despolarização das relações internacionais. Nesse cenário, atribui-se um papel maior a atores não estatais, como as ONGs.

3 O Estado de Bem-Estar Social, ou *Welfare State,* baseia-se na ideia do Estado provedor ou promotor de serviços econômicos e sociais. Esse conceito surgiu na Europa e estabelece uma maior intervenção do Estado na economia.

1.2 Evolução histórica da globalização

O termo *globalização* é recente e passou a ser adotado nos anos 1990, contudo a origem desse processo é bastante remota. No século XIX, essa expressão foi empregada por alguns teóricos para caracterizar o fenômeno de integração do mundo baseado no progresso tecnológico e na modernização. Para alguns estudiosos, como Arrighi (1996) e Gramsci (2001), os primórdios da globalização remontam ao século XV, no qual ocorre a expansão ultramarina realizada pelos europeus, especialmente portugueses e espanhóis, e a colonização do Novo Mundo. Outros autores defendem que, antes desse século, contatos comerciais já aconteciam entre os povos, assim como na Antiguidade, quando os fenícios comercializavam com as nações mediterrâneas a partir da costa da Ásia.

Braudel (1996), importante teórico da globalização, esclarece que é necessário diferenciar duas realidades:

1. a chamada *economia mundial*, que explica a dimensão econômica da globalização por meio da consideração do mercado formado por todas as regiões do globo;
2. a denominada *economia-mundo*, que ocupa um espaço geográfico delimitado. Nessa realidade, existe um centro, ao qual toda as demais partes se submetem; por exemplo, hoje a capital econômica americana seria Nova Iorque. Braudel (1996) aponta que dois centros podem coexistir numa economia-mundo, como foi o caso de Roma e Alexandria, nos tempos de Cleópatra e Augusto; Veneza e Gênova, as quais eram consideradas as cidades mais importantes da hegemonia das cidades-Estado italianas, entre 1378 e 1381; e Londres e Amsterdã, no século XVII, no período da dominação holandesa. Além disso, podem existir várias economias-mundo simultaneamente.

Esse mesmo autor ainda define *economias-mundo* como "uma soma de espaços individualizados, econômicos e não econômicos agrupados por ela, representada por uma enorme superfície hierarquizada com limites definidos onde coexiste normalmente um centro/cidade que centraliza diversas relações econômicas entre indivíduos e agentes econômicos" (Braudel, 1996, p. 14, citado por Ribeiro, 2009, p. 3).

A economia mundial resulta da tendência hegemônica da economia-mundo ocidental e de sua progressiva expansão. Dessa forma, podemos dizer que a globalização é o resultado do desenvolvimento do capitalismo em âmbito mundial. Esse fenômeno cresceu na Revolução Industrial inglesa, no século XVII, a qual consolidou o capitalismo e promoveu transformações sociopolíticas que tiveram início na Revolução Francesa (1789).

Gramsci (2001) define *hegemonia* como uma combinação entre coerção (uso da força física) e consenso (o seguidor concorda com a liderança do líder hegemônico e se sente beneficiado por ela). Por outro lado, ainda de acordo com esse autor, a definição de *império* implica apenas dominação, sem o consentimento da população dominada.

De acordo com Arrighi (1996), a economia mundial avança em ciclos sistêmicos, que determinam processos de transição hegemônica. O autor afirma que "um ciclo sistêmico de acumulação alterna épocas de expansão material com fases de renascimento e expansão financeira" (Arrighi, 1996, p. 6). Ainda é necessário mencionar que "os regimes de acumulação em escala mundial seriam as estratégias e estruturas mediantes as quais aqueles agentes promovem, organizam e regulam a expansão da economia mundial" (Ribeiro, 2009, p. 9). O objetivo da teoria dos ciclos sistêmicos é "explicar a formação, consolidação e desintegração desses regimes" (Ribeiro, 2009, p. 9).

Arrighi (1996, p. 6) aponta também a existência de quatro ciclos sistêmicos de acumulação capitalista: "um ciclo genovês, do século XV ao início do século XVII; um ciclo holandês, do fim do século XVI até a maior parte do século XVIII; um ciclo britânico, da segunda metade do século XVIII até o início do século XX; e um ciclo norte-americano, iniciado no fim do século XIX e que prossegue na atual fase de expansão financeira".

Wallerstein (2006, citado por Ribeiro, 2009, p. 5), por sua vez, diz que "a hegemonia foi sempre um efeito de longos períodos de expansão competitiva, que resultou numa concentração de poder econômico e político em determinado Estado". Nesse sentido, a superioridade econômica do Estado hegemônico ocorria inicialmente na produção, posteriormente no comércio e, por fim, nas finanças, justamente porque os Estados que desejavam se tornar hegemônicos passaram a investir mais em técnicas de produção avançadas e nucleares do que os que competiam.

O fenômeno mais antigo da globalização econômica é o comércio, uma vez que ele vincula produtores, vendedores e compradores que, geograficamente, costumam estar distantes, criando relações de interdependência entre si. É importante levar em conta ainda que, com a industrialização do Ocidente, que ocorreu com a Revolução Industrial, o comércio se expandiu a uma velocidade extraordinária.

Podemos identificar duas fases principais no processo de expansão do comércio global:

1. A primeira fase aconteceu na segunda metade do século XIX, quando a hegemonia militar e financeira britânica permitiu a consolidação de mercados protecionistas em suas colônias, as quais tinham relações comerciais de exclusividade com a metrópole (Pacto Colonial), bem como a comercialização de produtos manufaturados até a eclosão da Primeira Guerra Mundial, em 1914.

2. A segunda fase, após a Segunda Guerra Mundial, aconteceu com o estabelecimento dos Acordos de Bretton Woods e a imposição de um regime de comércio internacional livre, com a redução das barreiras alfandegárias, isto é, as tarifas de importação (Dalla Costa; Santos, 2011).

Primeira Era da Globalização

Na chamada *Primeira Era da Globalização*, a economia global passou a se integrar de modo mais perceptível. A partir de 1815, com a assinatura de um acordo no Congresso de Viena, que pôs fim às Guerras Napoleônicas, até o período da Primeira Guerra Mundial, prevaleceu a chamada *Pax Britannica*, com a liderança britânica na economia mundial. Nesse cenário, a Inglaterra estabeleceu a lógica do livre-comércio, o qual seria necessário para o sucesso da Revolução Industrial inglesa. Nesse sentido, a Inglaterra assinou o Acordo Cobden-Chevalier com a França, estabelecendo o princípio da nação mais favorecida, que determina que uma tarifa de importação preferencial imposta a uma nação em determinado produto deve ser adotada também nas relações comerciais desse mesmo produto com outras nações. Esse princípio é a base da lógica da liberalização comercial e do sistema de livre-comércio vigente.

Após a definição do princípio da nação mais favorecida, foram assinados mais acordos comerciais que promoveram gradativamente a liberalização do comércio. A Inglaterra conseguiu estabelecer a sua posição hegemônica graças à promoção do livre-comércio e à sua força militar marítima, que a permitiu garantir domínio sobre as colônias, as quais se tornaram mercados consumidores para seus produtos e fontes de matéria-prima para suas fábricas. A Grã-Bretanha, por sua vez, promoveu o avanço da tecnologia dos transportes, com a introdução de navios movidos a vapor, o que reduziu o tempo das viagens e aproximou os continentes, permitindo a expansão do comércio.

Uma das estratégias para promover a integração econômica mundial foi a promoção do livre-comércio, com a abertura dos portos para os vendedores estrangeiros, especialmente matéria-prima vinda de suas colônias. Nesse momento, iniciou-se a exportação de tecnologia e bens de capital para outros países, especialmente da Europa para a América do Norte e para o Japão. A exportação de máquinas inglesas aumentou 10 vezes em apenas 30 anos (o que representava um avanço muito rápido para a época). No quesito transporte, a abertura das estradas de ferro entre 1840 e 1880 foi multiplicada em 50 vezes, o que contribuiu para integrar mais o mundo. Além disso, testemunhou-se o nascimento dos grandes mercados financeiros, a exemplo da família Rotschild, que é considerada a mais rica de todos os tempos, investindo em produção e em redes financeiras. Assim, o domínio britânico era visível tanto nos planos produtivo e comercial como no plano financeiro. O telégrafo, que chegou ao Brasil em 1847, também foi fundamental para garantir o acesso à informação e o contato entre os mercados financeiros (Hobsbawm, 1995).

Contudo, o período entre os anos 1873 e 1896 foi de declínio britânico, em razão do crescente protecionismo do país e da expansão da industrialização da Alemanha e dos Estados Unidos, que se tornaram rivais e concorrentes importantes. A França também retornou ao protecionismo com a Tarifa Meline, de 1892. No final do século XIX, a Guerra de Tarifas, com a expansão das tarifas de importação, antecipou o conflito da Primeira Guerra Mundial, que encerrou o que restava de um regime liberal na Europa. Houve uma tentativa de restabelecimento desse regime nos anos 1920, que foi frustrada pelo estopim da Segunda Guerra Mundial, em 1939.

Hobsbawm (1995) determina a importância da Primeira Guerra Mundial ao apontar que o século XX só teve início após a deflagração desse conflito. De acordo com o historiador, o capitalismo, bem como a própria sociedade, entrou em novas etapas. Por outro lado, Arrighi (1996) defende que, no final do século XIX, o declínio britânico já mostrava seus primeiros sinais. No período da Primeira Era da Globalização, houve grandes avanços nos transportes, facilitando o comércio. A Inglaterra, além de incentivar o livre-comércio, passou a exportar tecnologia para outros países, o que, logicamente, tornou possível o estabelecimento de indústrias nesses locais.

Com a Primeira Guerra Mundial, a Primeira Era da Globalização chegou ao fim. Essa guerra envolveu as principais potências do mundo, sobretudo Inglaterra, França e Alemanha, que eram a base da economia mundial no período. A Grande Depressão de 1929[4], com a quebra da Bolsa de Nova Iorque, forçou a Inglaterra a abandonar o livre-comércio e a liderança que detinha. Tal influência foi transferida gradativamente aos Estados Unidos, país mais relevante economicamente após a Segunda Guerra Mundial, uma vez que foi a potência verdadeiramente vencedora desse conflito. Após a Grande Depressão, houve um declínio do pensamento liberal, que deu lugar à lógica keynesiana de intervenção estatal na economia, para garantir o bem-estar e a expansão de demanda, bem como a segurança nacional.

Com o término da Primeira Guerra Mundial, os Estados Unidos se encontraram em posição privilegiada por se tornarem fornecedores de produtos e investimentos para os países europeus devastados pelo conflito. O fim da Segunda Guerra Mundial foi ainda mais impactante para o país, que se tornou grande patrocinador financeiro da recuperação da Europa, com o estabelecimento do Plano Marshall. No período entreguerras, houve a criação de sistemas comerciais preferenciais, mas o nacionalismo ainda preponderava. Os Estados Unidos buscaram criar um sistema que contrariasse as políticas protecionistas dos anos 1930, com a assinatura de uma série

---

4 Iniciando com a Quebra da Bolsa de Nova Iorque, a crise de 1929 assolou a economia mundial. Foi uma crise de superprodução e é considerada o pior período de recessão da economia internacional, encerrando-se apenas após o o fim da Segunda Guerra Mundial.

de acordos bilaterais de livre-comércio: foram 123 até a constituição do *General Agreement on Tariffs and Trade*[5] (GATT), assinado em 1947, que promoveu o multilateralismo no comércio.

Segunda Era da Globalização

A Segunda Era da Globalização se intensificou no período pós-Segunda Guerra, quando os Estados Unidos assumiram a posição de líderes da economia e do comércio internacionais, o que foi possível com a determinação do padrão dólar-ouro em Bretton Woods, do regime de câmbio fixo e da criação das duas instituições financeiras internacionais que regeriam essa nova ordem econômica, o Fundo Monetário Internacional (FMI) e o Banco Internacional de Reconstrução e Desenvolvimento (Bird). Outro veículo central desse processo foi o GATT, documento provisório que deveria instituir um regime de livre-comércio e posteriormente uma Organização Internacional do Comércio, a qual acabou não sendo criada.

Assim, podemos dizer que a liberalização comercial foi possível a partir da Segunda Guerra Mundial, quando os Estados Unidos se tornaram o líder hegemônico. A *Pax Americana* estende-se desse período até meados dos anos 1970, quando observamos um declínio do poder estadunidense. Uma análise retrospectiva do período posterior à Segunda Guerra demonstra que os acordos de *Bretton Woods* asseguraram uma reorganização do sistema internacional, que promoveu um período de intensa prosperidade, o qual durou até a década de 1970 e ficou conhecido como a *Era de Ouro do capitalismo*. Instaurou-se nesse período uma era da economia liberal que acentuava e incentivava o processo de internacionalização de empresas, ainda que existisse um rival a esse projeto, que era o comunismo vigente na URSS.

---

5 Em tradução livre: Acordo Geral sobre Tarifas e Comércio.

Na reunião de Bretton Woods, que ocorreu em 1946 no estado de New Hampshire, nos Estados Unidos, e contou com líderes de 44 países, foram determinadas normas e criadas instituições que garantiriam organização ao sistema financeiro internacional. Essas regras buscavam contornar as restrições impostas pelos elementos do sistema anterior, o padrão dólar-ouro e a guerra cambial, que prejudicavam as transações comerciais e as questões econômicas domésticas (Dooley; Folkerts-Landau; Garber, 2003).

O encontro de Bretton Woods garantiu um grau de estabilidade elevado das taxas de câmbio, bem como eliminou os problemas nos pagamentos dos países, permitindo a expansão no comércio e investimentos internacionais. O acordo baseava-se em três aspectos:

1. o padrão dólar-ouro, isto é, com o dólar sendo a moeda de reserva internacional, lastreado em ouro (uma onça *troy* equivalia a US$ 35), todas as outras moedas estabeleciam paridade com ele;
2. o câmbio fixo, isto é, as taxas de câmbio eram fixas para evitar as desvalorizações cambiais competitivas, mas poderiam ser reajustadas desde que fosse autorizado pelas instituições internacionais;
3. o Bird garantiria a liquidez internacional, ou seja, forneceria recursos para o financiamento de projetos de reconstrução da Europa e de desenvolvimento de novas economias, e o FMI tinha a função exclusiva de socorrer os países que apresentam problemas no Balanço de Pagamentos[6], isto é, que apresentassem déficits em relação ao resto do mundo.

Os acordos de Bretton Woods criaram um complexo de instituições e normas com interdependência que tiveram uma sobrevida graças à cooperação entre os Estados e ao respeito às

---

[6] O balanço de pagamentos é o "registro sistemático das transações econômicas, durante um dado período de tempo, entre os seus residentes (que tem o país como centro de interesse) e os residentes do resto do mundo" (FMI, 2001).

decisões definidas, isto é, evitando a desvalorização de suas moedas. Eichengreen (2000) defende que o sistema não foi tão estável, pois os recursos do FMI eram limitados e não davam conta da procura por financiamento. Além disso, o mecanismo de sanção aos países que desrespeitavam as regras não foi adotado em nenhum caso.

Ainda de acordo com Eichengreen (2000), a sobrevivência do sistema de Bretton Woods foi produto de um sistema de cooperação internacional que envolvia governos e bancos centrais. Assim, um abalo na cooperação internacional aconteceu paralelamente à ruptura do sistema de Bretton Woods: à medida que o preço do dólar caía, os Estados Unidos não defendiam mais o preço do ouro; os países detentores de dólares, especialmente os árabes, tentaram se desfazer do ouro para restabelecer seu valor. Em agosto de 1971, o presidente estadunidense Nixon decretou o fim da paridade dólar-ouro, o que provocou sanções por parte dos Estados produtores de petróleo, causando aumento do preço do barril e levando aos dois Choques do Petróleo (nos anos 1973 e 1978). Nesse momento, a interdependência dos Estados Unidos em relação ao resto do mundo ficou mais evidente, o que representou o início do declínio hegemônico do país.

Com relação ao comércio, na Segunda Fase da Globalização foi estabelecida uma estrutura comercial cujos acordos entre Estados baseavam-se na gradativa eliminação das barreiras ao comércio. Em 1947, foi criado o GATT, que atualmente conta com mais de uma centena de nações participantes. Desse modo, a liberalização do comércio internacional não pode ser vista como um processo linear, pois, desde o estabelecimento do GATT até a criação da Organização Mundial do Comércio (OMC), em 1994, passaram quase cinquenta anos e foi realizada uma série de rodadas comerciais.

Nos anos 1980 e 1990, surgiram vários blocos econômicos regionais, como a Associação de Nações do Sudoeste Asiático (Asean); a União Europeia (UE), que surgiu como Comunidade Econômica

Europeia em 1957; o Acordo de Livre Comércio da América do Norte (Nafta); e o Mercado Comum do Sul (Mercosul). Esses processos buscam, ainda neste início de século XXI, a constante remoção de obstáculos ao comércio. Mas, naquele momento, ainda eram protecionistas em relação a Estados terceiros, que não compunham o processo de integração.

A Rodada Uruguai, um processo de negociações entre os Estados a respeito de comércio, agricultura, serviços e barreiras alfandegárias, foi importante. Embora as negociações tenham sido complexas ao confrontar interesses divergentes, constituiu a ideia para a conformação da OMC, que é o organismo internacional mais importante no aspecto comercial. O comércio internacional é constituído por uma ampla rede de relações comerciais que envolve praticamente todas as economias do mundo, cujos efeitos vão além do setor comercial da economia e são uma grande fonte de riqueza para as empresas transnacionais.

Wood (2001) apresenta uma visão sobre o surgimento e a evolução do capitalismo, que emergiu no mercantilismo[7], com a ascensão da classe burguesa (vide Figura 1.1).

---

7 O mercantilismo é considerado a primeira escola do pensamento econômico. Foi adotado como uma política de governo protecionista e nacionalista e baseava-se no metalismo (acumulação de metais), como fonte de riqueza de uma nação e na balança comercial favorável (deveria exportar mais do que importar).

Figura 1.1 – Fases do capitalismo

Capitalismo comercial Séc. XV-XVIII	Capitalismo industrial Séc. XIX-1914	Capitalismo financeiro 1945
Expansão colonial	Imperialismo europeu	Descolonização
Colônia de exploração	Congresso de Berlim	Neocolonialismo Neoimperialismo
Colônia de povoamento	Partilha da África e da Ásia	

Revolução Industrial → Guerras mundiais

Fonte: Wood, 2001.

Como é possível analisar na figura, a primeira forma por meio da qual o capitalismo apareceu foi o chamado *capitalismo comercial*, que surgiu antes do modo de produção capitalista tradicional e é baseado na expansão do capital para se garantir mais lucros. As trocas comerciais representam o modo de produção característico de períodos como a Antiguidade e a Idade Média, quando o êxito de um comerciante era medido basicamente pelo lucro extraído de seu negócio, sem passar pelo mercado financeiro, apenas pela obtenção de um valor maior do que aquele investido na produção. O capitalismo propriamente dito apenas surgiu na Europa no século XVI, com o desenvolvimento da produção manufatureira, que atua no campo da produção. Esse é o chamado *capitalismo manufatureiro*, considerado a fase intermediária entre o artesanato e as grandes corporações industriais da Revolução Industrial (Souza, 2024).

O capitalismo industrial ou monopolista emergiu após a Revolução Industrial na Inglaterra e é caracterizado pelo uso intensivo de máquinas e equipamentos e de tecnologia (Wood, 2001). Segundo Souza (2024, p. 8), "com o desenvolvimento das trocas e o surgimento do sistema bancário, o capital mercantilista passou a assumir também a forma de capital financeiro". Essa forma de capitalismo se intensificou após 1945, com o estabelecimento da hegemonia norte-americana. Foi então que o dinheiro expandiu sua função de capital mercantil para exercer uma função financeira. Os lucros obtidos por meio do capital financeiro passaram a não depender mais da produção real de mercadorias ou serviços, mas da taxa de juros de valores emprestados. Essa forma de capitalismo representou apenas uma parte artificial da economia, pois o lucro não correspondia à produção real de bens e era mais vulnerável a crises.

No período mais contemporâneo, após a década de 1980, o paradigma neoliberal se tornou predominante, com base nos pressupostos do Consenso de Washington. No final da década de 1980, ocorreram transformações significativas no cenário internacional, depois do segundo choque do petróleo, quando o preço do barril do petróleo se elevou, provocando aumento substancial dos juros internacionais graças à redução da liquidez. Nesse contexto, o pensamento keynesiano de forte atuação do Estado na economia e a ideia do Estado de Bem-Estar Social entraram em declínio, dando lugar à retomada do liberalismo, que ganhou novas nuances e abordagens e passou a ser denominado *neoliberalismo*. O neoliberalismo não é apenas uma nova roupagem da teoria liberal, mas um conjunto de ideias e princípios que passam a orientar os Estados para limitar suas ações no campo econômico.

O colapso econômico mundial dos anos 1970 destruiu os níveis necessários de lucro para empresas, culminando em uma crise globalizada das economias de mercado. Seriam necessários, então, de acordo com o pensamento neoliberal, ajustes neoliberais, sob a assertiva: "Estado mínimo para o trabalho e máximo para o capital", logo, medidas deveriam ser tomadas, a principal delas a restauração da taxa "natural" de desemprego (Eichengreen, 2000).

Desse modo, um conjunto de alterações ideológicas, políticas, econômicas e sociais, baseadas no Consenso de Washington – pós-crise de 1973 – ocorreu no interior da dinâmica produtiva capitalista, culminando na abertura do terreno para a acumulação mundial desenfreada de capital, exacerbando níveis de concentração de renda e poder econômico, conforme apontado pelos críticos ao neoliberalismo. As críticas são feitas pelos autores desenvolvimentistas, com matriz ideológica da esquerda pragmática, como Celso Furtado e outros autores cepalinos.

As características centrais do neoliberalismo são que esse regime considera a propriedade privada a base da liberdade individual; defende a desregulamentação e liberalização das finanças; baseia-se no Estado capitalista, rendendo-se ao sistema financeiro mundial e à solvência das instituições financeiras; calca-se na influência dos órgãos multilaterais sobre as políticas macroeconômicas; a privatização é uma das ações mais adotadas, com intenção de abertura de mercado e internacionalização de empresas; e o sistema de crédito e o capital financeiro são priorizados (Eichengreen, 2000).

As ideias neoliberais se difundiram pelo mundo nos anos 1980, saindo dos países desenvolvidos, Estados Unidos e Inglaterra, e se espalhando por toda a América Latina e depois por outras regiões do mundo, levando com elas a visão de supremacia do mercado e enfatizando as deficiências do Estado.

As conclusões do Consenso de Washington acabaram tornando-se o receituário imposto por agências internacionais para a concessão de créditos: os países que solicitassem empréstimos do FMI, por exemplo, deveriam adequar suas economias às novas regras. Para garantir e "auxiliar" no processo das chamadas *reformas estruturais*, o FMI e as demais agências do governo norte-americano ou multilateral incrementaram a monitoração das alterações "modernizadoras" (Eichengreen, 2000). Essa abordagem mais liberal que surgiu na virada do século XX para o XXI claramente contribui para a estratégia de internacionalização das empresas, mas está associada a uma visão mais liberal, em que existe tem mais autonomia para se decidir sobre como acontecerá a internacionalização. Na próxima seção, conheceremos o modelo de capitalismo de Estado e de que modo compete com a abordagem mais liberal da transnacionalização.

O conceito de capitalismo de Estado e a internacionalização de empresas estatais

Podemos indicar que o capitalismo de Estado é uma "evolução" do capitalismo monopolista ou industrial. Este último se consolida e se fortalece com a ascensão do neoliberalismo nos anos 1990. Por sua vez, o capitalismo de Estado surge da tendência de concentração do capital nas mãos do Estado pela guerra imperialista. A partir do capitalismo monopolista industrial, a estrutura interna da economia se tornou cada vez mais um "verdadeiro truste" e chega a sua forma mais elevada, o capitalismo monopolista de Estado, que é um conceito formulado por Lenin.

A difusão do neoliberalismo no final do século XX e no início do século XXI enfraqueceu o tipo de capitalismo concentrado nas mãos do Estado a partir da onda de privatizações das empresas estatais (Musacchio; Lazzarini, 2015). Segundo esses autores, "o processo de privatizações não redundou na plena desarticulação dos sistemas de capitalismo de Estado desenvolvidos no século XX, mas, sim, na transformação da maneira como os governos gerenciam as grandes estatais" (Musacchio; Lazzarini, 2015, p. 35).

Desse modo, alguns países preservam essa forma de capitalismo, a exemplo da China, que não pode ser entendida como uma economia comunista, mas uma espécie de socialismo de mercado e de capitalismo do Estado, em razão da força do Partido Comunista Chinês na economia. Além da China, outros países, como o próprio Brasil, países europeus como França, Dinamarca, Finlândia e

Holanda e latino-americanos dispõem de empresas privatizadas em que o governo atua como acionista minoritário. Isso demonstra que existe resiliência e sobrevida do capitalismo de Estado, principalmente em economias em desenvolvimento, como Índia, Turquia, México e Brasil. Nesses países, o Estado atua, em geral, como sócio majoritário em empresas privatizadas, de capital misto, como é o caso da Petrobrás.

Portanto, de acordo com Musacchio; Lazzarini (2015, p. 70), "Governos de todo o mundo ainda mantêm grandes estatais, por atuarem em setores politicamente sensíveis, ou por ser difícil privatizá-las". Desse modo, percebe-se que existe um contraste com a perspectiva liberal da internacionalização promovida pelo neoliberalismo, à medida que as empresas nos moldes do capitalismo de Estado têm pouca liberdade para coordenar seu processo de internacionalização, mas ainda assim isso não paralisa ou interrompe a internacionalização, pois muitos governos utilizam-se de suas empresas para aumentar seu poder de manobra no cenário internacional, incentivando a inserção externa das firmas.

Quando estudamos o processo de internacionalização de empresas com forte participação do Estado, não podemos deixar de mencionar o exemplo chinês. Na China, cujo processo de transnacionalização das empresas foi comandado quase que exclusivamente pelo Estado, a partir de 2002 o governo passou a oferecer uma série de estímulos para a promoção da internacionalização de suas corporações, que iam desde mecanismos de financiamento até a instrumentos de facilitação do investimento externo direto. Portanto, a internacionalização das empresas chinesas foi uma resposta a uma estratégia do governo chinês, no melhor modelo de capitalismo de Estado, com objetivos de ordem geopolítica e de fomento da industrialização, sendo parte clara do modelo de desenvolvimento nacional do país.

De acordo com Acioly e Leão (2011, p. 67).

À medida que as empresas chinesas foram se tornando competitivas no mercado internacional, o governo chinês as encorajou a sair do país. O objetivo era garantir o acesso a recursos estratégicos e mercados de consumos em expansão, além de realizar fusões e aquisições que permitissem a ampliação das redes de produção e da própria estrutura física de suas empresas, cujo objetivo era expandir e modernizar a estrutura produtiva nacional.

Um traço importante do investimento externo direto (IED) chinês é de que "as empresas estatais neste modelo chinês têm papel relevante ao se constituírem como empresas líderes que se articulam e abrem oportunidades para empresas menores e do setor privado" (Acioly; Leão, 2011, p. 74).

Estudo de caso

Telégrafo: a invenção que deu início à Era da Informação e ao avanço das telecomunicações[8]

Sempre que falamos sobre a grande revolução atrelada à transmissão de dados e aos "princípios de segurança da informação que foi provocada pela Internet, é fundamental levar em consideração que houve revoluções anteriores, que foram comparáveis aos da Internet em termos de magnitude e importância. Muitos fazem referência ao advento da imprensa escrita ou da televisão ou à TV" (Kaspersky, 2015).

Contudo, seria mais correto oferecer ao telégrafo uma posição digna no rol das grandes invenções, pois foi a primeira que garantiu a transmissão instantânea de dados. Vale lembrar que as empresas fabricantes desse equipamento tiveram de investir muito esforço em propaganda para se consolidar no mercado. O telégrafo foi

---

[8] Estudo de caso elaborado com base em Kaspersky (2015).

inventado em 1837 pelo estadunidense Samuel Morse. Em 1844, emitiu a primeira mensagem a longa distância: "Atenção, universo!", o que demonstrou a inovação que ele representava. Naquele período, o aparelho causou um impacto cultural elevado, comparado ao da internet na atualidade. Chegou ao Brasil em 1852, trazido pelo imperador D. Pedro II.

Contemporaneamente, as empresas adotam sistemas de informação modernos para se comunicar com seus parceiros e realizar negociações. No século XIX, o telégrafo era utilizado para a comunicação empresarial e também nas estradas de ferro, para prevenir acidentes, aumentando assim a segurança. Após essa invenção, uma série de tecnologias promoveu um avanço no campo das telecomunicações – a internet é a mais importante e notável dessas inovações. Vale lembrar que estamos vivenciando a "Era da Informação", na qual "atividades econômicas, sociais, políticas e culturais essenciais por todo o planeta estão sendo estruturadas pela Internet e em torno dela" (Castells, 2003, p. 49-53). Desse modo, a internet é um elemento central para pensar a sociedade contemporânea e a estratégias das grandes empresas, uma vez que revolucionou o campo das telecomunicações ao difundir mensagens e informações de modo instantâneo, conectando cidadãos em diferentes partes do mundo por meio de seus computadores ou *smartphones*. Além disso, ela é uma ferramenta exitosa no investimento em progresso tecnológico.

Nesse sentido, a expansão das linhas telefônicas, a redução dos preços dos computadores, o surgimento de provedores baratos e até gratuitos, o desenvolvimento de tecnologias *wi-fi* e os investimentos das empresas no comércio de equipamentos eletrônicos foram fundamentais para que a internet se popularizasse no Brasil e no mundo como importante ferramenta de informação, comunicação e entretenimento. Para as empresas, essa ferramenta forma novos modelos de negócios, permitindo que as corporações descubram os hábitos e as necessidades dos consumidores, o que aumenta a competitividade das empresas. Muitas companhias passam a adotar a internet como ferramenta de comunicação com os clientes e como importante meio de propaganda. Outras empresas utilizam a internet para fazer suas vendas, tornando o produto acessível a uma gama maior de compradores.

Dessa forma, a internet beneficia e expande investimentos. Por exemplo: um empresário situado em uma matriz nos Estados Unidos pode estabelecer contato com suas filiais em Curitiba, o que representa uma grande vantagem para o mundo das corporações.

Como visto no presente capítulo, a globalização encurtou distâncias e modificou a relação com o tempo. O telégrafo, que permitiu o avanço das telecomunicações, tornou-se uma importante ferramenta para aprofundar o processo de globalização estudado neste capítulo. Nesse sentido, as empresas multinacionais se inserem cada vez mais internacionalmente, o que é permitido pela intensificação da globalização nas dimensões econômica, política, social e cultural.

Síntese

Neste capítulo, estudamos o processo de evolução histórica da globalização e os impactos causados nas relações internacionais. Constatamos que a intensificação da globalização ocorreu essencialmente no período pós-Segunda Guerra Mundial, na chamada *Segunda Era da Globalização*, quando os Estados Unidos se estabeleceram como potência hegemônica. Vimos, ainda, que o sistema de dominação norte-americana sofreu crises a partir da década de 1970. Além disso, apresentamos o balanço das diferentes etapas da globalização, contextualizando historicamente o aumento da relevância das empresas multinacionais a partir da metade do século XX – momento em que os países deixaram de ser considerados os únicos atores das relações internacionais e em que novos atores passaram a ser determinantes.

Questões para revisão

1. Apresente as características centrais da primeira Era da Globalização.

2. Discorra sobre o processo evolutivo do capitalismo, indicando as suas principais fases, segundo Wood (2001).

3. Indique os traços centrais do capitalismo de Estado e apresente como ele contribuiu para a internacionalização de empresas estatais na China.

4. "O processo de globalização, em sua fase atual, revela uma vontade de fundar o domínio do mundo na associação entre grandes organizações e uma tecnologia cegamente utilizada. Mas na realidade dos territórios e as contingências do meio associado asseguram a impossibilidade da desejada homogeneização" (Santos, 1997).

   Analise quais das alternativas a seguir fundamentam o argumento de Milton Santos na citação anterior, indicando V para as verdadeiras e F para as falsas.

   ( ) A globalização só foi possível em função da completa homogeneização cultural dos países.

   ( ) Os Estados são os únicos agentes relevantes da globalização, pois permitem a entrada de grandes corporações em seu território.

   ( ) Existe uma tendência à homogeneização. Contudo, a completa homogeneização do sistema internacional é impossibilitada pelos elementos culturais de cada povo ou nação.

   ( ) O processo de globalização contemporânea emprega as mesmas técnicas de produção em diferentes países, independentemente das condições econômicas e sociais.

Assinale a alternativa que corresponde à sequência correta:
a. V, V, F, F.
b. V, V, V, V.
c. F, F, V, V.
d. F, F, V, F.
e. V, V, F, V.

5. Sobre a definição de *globalização*, analise as alternativas a seguir.

   I. O termo é recente e foi adotado para definir o fenômeno de integração do mundo sustentado no progresso tecnológico e na modernização.

   II. A globalização corresponde apenas ao fenômeno econômico e financeiro de inter-relação mundial, sem ter implicações culturais ou sociais.

   III. Para Ianni (2002), alguns dos efeitos da globalização são: o surgimento de novos espaços, em competição ao capitalismo e o advento da lógica de países em desenvolvimento, em oposição à definição de Segundo e Terceiro Mundo.

   IV. Touraine (1998) apresenta quatro transformações da globalização: (i) criação de uma sociedade informatizada; (ii) internacionalização do capital financeiro; (iii) emergência de novos países industriais; (iv) influência cultural norte-americana.

   Assinale a alternativa verdadeira:

   a. I, II e III estão corretas.
   b. Apenas I está correta.
   c. I e IV estão corretas.
   d. I, III e IV estão corretas.
   e. Todas as alternativas estão corretas.

6. A respeito da Segunda Era da Globalização, assinale a afirmativa correta:

   a. Essa era se iniciou no final do século XIX, com a hegemonia britânica, que estabeleceu seu poderio bélico, econômico e financeiro sobre o mundo todo.

   b. A Segunda Era da Globalização teve início com o fim da Primeira Guerra Mundial. No período entreguerras, houve a negociação dos Acordos de Bretton Woods e a transição da moeda internacional da libra esterlina britânica para o dólar americano.

   c. Essa era se intensificou no período pós-Segunda Guerra, momento em que os Estados Unidos passaram a desempenhar um papel de liderança mundial no comércio internacional, com a definição do padrão dólar-ouro e da criação do FMI e do Bird, pelos acordos de Bretton Woods.

   d. A Segunda Era da Globalização se encerrou com as crises da década de 1970 (crise do dólar e Choques do Petróleo I e II), quando os Estados Unidos deixaram de ter a posição de hegemonia mundial, a qual foi transferida para a China.

   e. Nenhuma das afirmativas é verdadeira.

Questões para reflexão

1. Do seu ponto de vista, qual a relevância da internet e dos demais meios de comunicação para a internacionalização das empresas? Apresente a ilustração de um caso concreto de uma companhia que teve sua internacionalização possível graças ao avanço das telecomunicações.

2. A globalização tem mais efeitos positivos ou negativos para a ordem internacional dos Estados? Nesse sentido, quem são os principais perdedores e os ganhadores do processo globalizador?

Para saber mais

EICHENGREEN, B. **A globalização do capital**: uma história do sistema monetário internacional. São Paulo: Ed. 34, 2000.

Essa obra apresenta a evolução do capitalismo financeiro e faz uma análise minuciosa do Acordo de Bretton Woods e seus impactos para a ordem econômica internacional. Além disso, discute a crise do capitalismo vivenciada a partir da década de 1970, com a crise do dólar e as quedas no preço do petróleo e o início do declínio norte-americano. É uma obra de leitura fundamental para compreender o processo de globalização econômica e o posicionamento das empresas multinacionais nesse cenário.

CAPITALISM: A Love Story. Direção: Michael Moore. EUA: Overture Films, 2009. 127 minutos.

Esse documentário faz uma análise do capitalismo em sua fase mais avançada, a etapa da especulação financeira. Michael Moore investiga os eventos que provocaram a crise de 2008, a qual teve como consequência uma recessão mundial, que gerou desemprego e levou miséria a várias partes do mundo. A atuação do governo norte-americano, que, pela perspectiva do cineasta, defende os interesses das grandes empresas em detrimento dos interesses dos cidadãos, é investigada de modo bastante crítico.

capítulo dois

Origem histórica e conceitos: empresas transnacionais

Conteúdos do capítulo

- A origem histórica da internacionalização das empresas.
- O regime fordista-taylorista como paradigma para a organização industrial e o toyotismo.
- Definição de *internacionalização* e de *empresas multinacionais* e *transnacionais*.
- Processos e formas de internacionalização das empresas.

Após o estudo deste capítulo, você será capaz de:

1. contextualizar o processo histórico de internacionalização de empresas;
2. compreender o conceito de *internacionalização*;
3. entender os conceitos de *empresa multinacional* e de *empresa transnacional*;
4. analisar as formas pelas quais uma empresa pode se inserir no mercado externo.

O processo de internacionalização de empresas é um fenômeno central para compreendermos a atual dinâmica das relações internacionais. Tradicionalmente, as teorias clássicas de relações internacionais não consideravam as empresas multinacionais ou transnacionais como atores do sistema internacional, o que mudou especialmente a partir da década de 1970, quando os países deixaram de ser entendidos como os únicos atores desse sistema, embora ainda sejam considerados centrais. As empresas, então, graças ao poder de influência, à capacidade econômica que possuem e ao papel que exercem no comércio e nas finanças internacionais, tornaram-se, desde então, elementos fundamentais na governança global.

Tendo isso em vista, apresentaremos, neste capítulo, o processo histórico de origem da internacionalização das empresas, que é resultado da intensificação da globalização, e, também, a definição de *empresas multinacionais*.

Antes disso, no entanto, é válido ressaltar que as definições de *empresa* e de *internacionalização* são múltiplas. Por esse motivo, mostraremos uma variedade de definições, assim como seus pontos positivos e fragilidades, para que você conheça as formas e os processos pelos quais a empresa pode se internacionalizar, identificando diferentes modos pelos quais ela pode ser inserida no mercado externo, que vão desde a exportação até a abertura de uma filial (subsidiária) no exterior.

Como você já sabe, a expansão da estrutura capitalista nos anos pós-Segunda Guerra Mundial foi marcada por duas características para as quais foi fundamental a atuação das grandes empresas sediadas em países do Centro. O primeiro elemento é a concentração de capitais e a centralização do progresso técnico em Estados e empresas; o segundo é associado ao processo de internacionalização da produção e dos mercados, o qual acarreta o fluxo de capitais entre as economias capitalistas mais importantes.

Os processos de concentração e internacionalização formaram a economia internacional capitalista, que não representa o somatório das economias nacionais, mas um sistema que as supera, uma vez que integra um espaço que transcende as fronteiras. A expansão da produção das multinacionais gerou um quadro novo, em função da magnitude de sua atuação, que promove formas mais complexas de relacionamento entre o político e o econômico, nos planos nacional e internacional (Martins, 1975).

Assim, ao analisarmos as empresas transnacionais, nosso interesse não está relacionado apenas ao potencial econômico delas, mas sobretudo ao fato de que são instrumentos eficazes nos processos de concentração e internacionalização da produção que criaram a atual estrutura internacional.

2.1 Origem e evolução histórica da internacionalização das empresas

A origem das relações entre empresas e Estados data do século XVI. No período mercantilista, os Estados e as companhias atuaram ativamente para expandir a riqueza dos primeiros, pois esta se baseava no comércio exterior ativo. As exportações eram, naquele momento, a principal fonte de riqueza dos Estados, pois garantiam a expansão de ouro e de prata, em um período em que o acúmulo de metais representava a riqueza de uma nação (metalismo). Portanto, os países focavam na política da balança comercial favorável, por meio da qual deviam exportar uma quantidade maior do que importavam.

Os Estados são, em essência, os principais atores do cenário internacional e, também, os sujeitos por excelência de direito internacional, tendo personalidade jurídica ampla. Por sua vez, as empresas transnacionais alcançaram importância política e econômica graças à globalização econômica e financeira que se intensificou após o fim da Segunda Guerra Mundial. Elas assumiram um papel central, podendo, em alguns casos, cooperar com os Estados, em total parceria e cumplicidade e, em outros casos, desafiá-los (Pinheiro, 2011).

Antes de prosseguirmos, é preciso destacar que o fenômeno da globalização dos negócios é compreendido a partir de dois elementos e passou a ser mais evidente no século XX (Dunning, 1998):

1. a distribuição geográfica dos fatores;
2. as falhas de mercado.

Ou seja, em função de suas origens nacionais, algumas empresas ganham *status* superior a outras em muitos Estados. Diante desse panorama, concluíram que só teriam êxito se transferissem seus recursos pelas fronteiras nacionais para outros países, por meio de suas próprias organizações, em vez de vender esse direito de uso a empresas estrangeiras.

Assim, a partir de 2016, a dotação desigual de fatores nos diferentes países contribuiu para o estabelecimento de mais de 60 mil multinacionais em todo o globo, com 800 mil filiadas fora de suas fronteiras. Em termos globais, as empresas transnacionais geram perto de metade dos resultados industriais do mundo e representam cerca de dois terços do comércio mundial. Aproximadamente um terço de todo o comércio mundial é intrafirma, ou seja, acontece entre a matriz e suas filiais no exterior. Essas empresas transnacionais são particularmente competitivas em veículos automotivos, computadores e refrigerantes, tendo 85%, 70% e 65% desses mercados, respectivamente.

Tendo essas informações por base, podemos levar em conta que a vantagem de se tornar um ator global no mercado de manufaturados (produtos industrializados) é mais evidente do que para as empresas que trabalham com serviços. Uma empresa é considerada multinacional quando extrapola as fronteiras de seu país de origem.

Além disso, é interessante que você saiba que as companhias são definidas como *multinacionais* a partir da concepção que se assume de fronteiras.

A história das multinacionais é vinculada às origens da atividade de comércio entre as comunidades. O comércio, por sua vez, foi induzido pela distribuição desigual de recursos entre regiões. Por exemplo, o sal é um mineral que já existia entre os primeiros ancestrais do Leste da África, mas cuja distribuição desigual incentivava os comerciantes a viajar longas distâncias em expedições arriscadas para ter acesso a novos produtos, como o próprio sal, e obter ganhos. O comércio entre diferentes culturas foi possível graças à força do imperialismo e à força militar, uma vez que apenas as potências marítimas conseguiram inserir-se como grandes vendedoras ao assegurar o controle dos entrepostos comerciais.

O comércio persistiu ao longo dos séculos, mas as grandes distâncias entre os vendedores e os consumidores tornavam a atividade complexa e, em alguns casos, incerta. As empresas multinacionais ofereceram uma solução para esse dilema, pois organizavam as transações dentro de suas fronteiras organizacionais.

De acordo com Bresser-Pereira (1978), podemos diferenciar quatro estágios na inserção internacional das empresas multinacionais.

No **primeiro estágio**, desenvolveram-se as empresas comerciais nas áreas de extrativismo, agricultura e serviços públicos, baseadas no imperialismo e na divisão internacional do trabalho, por meio do comércio internacional. Os Estados industrializados detinham excedentes de capital, mas precisavam de insumos e mercadorias tropicais e da ampliação do mercado para seus bens manufaturados. Para atingir maiores níveis de acumulação, os países conquistavam colônias e organizavam ações extrativas, sustentando-se em atividades locais, como o caso da empresa açucareira no Brasil. Nesse sentido, as grandes organizações administravam o comércio e a infraestrutura e eram responsáveis por criar um sistema bancário. Contudo, não implantavam indústrias, para manter a relação de dependência da colônia com a metrópole. Prebish (1973), representante da escola da Comissão Econômica para a América Latina (Cepal)[1], define essa situação como deterioração dos termos de troca, na qual o excedente dos países da periferia é remetido aos países do centro, a partir da relação de comércio desigual ou dos juros altos cobrados pelos empréstimos internacionais.

O **segundo estágio** teve início no século XX e se estendeu até a Grande Depressão, mantendo a lógica do imperialismo, mas delegando novas funções aos países da periferia que recebem as montadoras das grandes corporações industriais do centro. Nesse momento, é possível perceber a transferência de poder da Inglaterra para os Estados Unidos, que se tornou a nova potência hegemônica. Além disso, é também perceptível a incorporação do regime taylorista de produção industrial, com base nas técnicas de produção em massa. Nesse contexto, as empresas cresceram em número e atuação, com base no "modelo de organização multinacional-funcional descentralizada, o qual permite garante expansão sem perda da eficiência da empresa" (Bresser-Pereira 1978, p. 13). As empresas asseguraram seus mercados para exportar, criando oficinas para montar e realizar assistência técnica nos países mais pobres. Nos anos 1920, essas companhias surgiram no Brasil.

No **terceiro estágio**, que vai da Grande Depressão dos anos 1930 à Segunda Guerra Mundial, muitos países da periferia aproveitaram-se da crise do imperialismo para promover projetos nacionalistas de industrialização, por meio da chamada *substituição de importações*, o que representava uma ameaça aos negócios das grandes corporações. A partir dos anos 1950, o capitalismo voltou a crescer, o que garantiu prosperidade geral; as grandes organizações deixaram de exportar para implantar indústrias nas

---

1 A Comissão Econômica para a América Latina foi um órgão criado pela Organização das Nações Unidas (ONU) na década de 1960, com o objetivo de desenvolver estudos voltados a investigar as causas do subdesenvolvimento da América Latina.

economias em desenvolvimento; as multinacionais passaram a entrar no Brasil nesse período, especialmente as de setor farmacêutico, de máquinas, automobilístico, de petroquímica, com o objetivo de controlar o mercado brasileiro e impedir o desenvolvimento da indústria nacional, assim como implantar as inovações tecnológicas desenvolvidas nas matrizes. Esses fenômenos, juntos, asseguraram uma taxa de lucro mais elevada e por mais tempo, sobretudo ao garantir a vantagem monopolística. Um efeito contraditório é que, à medida que as empresas aplicavam inovações, as concorrentes no país de origem passaram a copiá-las, para impedir a perda de controle sobre o mercado, o que representa a reação do oligopólio. O impacto disso é a aglomeração de empresas de um setor específico em certo país, como é o caso do setor automobilístico no Brasil (Bresser-Pereira, 1978).

O **quarto estágio** de inserção internacional das empresas iniciou-se nos anos 1960 e é uma continuidade do terceiro estágio, cujo objetivo primordial era garantir acesso aos mercados locais. Nesse estágio, o objetivo passou a ser o aproveitamento da mão de obra com menor custo para produção de mercadorias intensivas em trabalho. O maior exemplo dessa fase é o das empresas estadunidenses que, para fazer frente à competição da mão de obra japonesa barata, instalaram indústrias de exportação nos países da periferia, os quais têm, além de mão de obra de baixo custo, dependência política em relação ao centro. Nesse caso, a proximidade geográfica é um fator relevante na decisão sobre o país.

É válido afirmar que, para os Estados da periferia, o terceiro e o quarto estágios alteram as relações de dependência, formando uma nova dependência, agora vinculada à elite de outras economias ricas, especialmente no que se refere à tecnologia. A inovação característica dessas fases está no investimento das multinacionais em desenvolver a indústria e o mercado interno da periferia, não mais mantendo-a como um país exportador de bens agrícolas. Contudo, o desenvolvimento de tecnologia ainda fica sob o controle do centro (Bresser-Pereira, 1978).

Ainda sobre as empresas transnacionais, um dos maiores questionamentos que surgem é se elas representam um fenômeno positivo ou negativo para a comunidade internacional e, consequentemente, em que medida os governos devem ou não devem regular suas ações. Na próxima seção, investigaremos o regime fordista-taylorista, considerado o primeiro paradigma adotado para a organização das indústrias.

Regime fordista-taylorista como paradigma para a organização industrial e o toyotismo

No começo do século XX, Henry Ford substituiu o método artesanal da indústria automobilística pela produção em massa, inserindo novos métodos de organização nas fábricas. Isso permitiu que o setor automobilístico se tornasse o de maior relevância na economia norte-americana e, posteriormente, na economia mundial (Gorender, 1997).

Para submeter os trabalhadores a um ritmo intenso, Ford sistematizou a produção com base no pagamento de salários elevados. Afirma-se que o empresário capturou a subjetividade do trabalho ao ressaltar que, "se um operário deseja progredir e conseguir alguma coisa, o apito será um sinal para que comece a repassar no espírito o trabalho feito a fim de descobrir meios de aperfeiçoá-lo" (Ford, 1967, p. 41). Além disso, ele estabeleceu a ideia de descentralização da produção e de diminuição das hierarquias para reduzir a autoridade dos diretores, um conceito defendido também por Frederick Taylor.

O regime fordista aplicou a abordagem da organização científica do trabalho, criada por Taylor, baseada na exclusão dos tempos mortos no processo, com o objetivo de expandir a produção a custos reduzidos. Desse modo, o método fordista passou a ser conhecido como *regime fordista-tayolorista*, porque, de modo combinado, ambos buscaram resolver o problema da baixa produtividade da economia capitalista no início do século (Gorender, 1997).

Esse método incorpora o princípio taylorista da separação entre trabalho intelectual e trabalho manual: o primeiro fica a cargo de diretores e gerentes, e o segundo é reservado a operários no chão de fábrica. Os trabalhadores intelectuais, no topo da hierarquia, responsáveis pela gestão da empresa, deveriam pensar o processo produtivo, e os trabalhadores manuais ficariam encarregados do trabalho braçal, sem participar da organização da produção. O trabalho passou a seguir uma norma de execução rígida, com o objetivo de poupar tempo e tornar os trabalhadores mais produtivos. Taylor e Ford propuseram a disciplina do trabalho, além de imporem uma ética e um padrão de conduta aos operários (Gorender, 1997).

Assim, o modelo de produção de linha de montagem foi associado às técnicas de gerenciamento de Taylor, ao mesmo tempo em que houve a expansão de direitos sociais por parte do Estado para reduzir os conflitos na relação capital-trabalho. Portanto, os trabalhadores suportavam a exploração de trabalho desse método (Braga, 1995).

Outro elemento fundamental para a realização do projeto fordista foi a introdução da integração vertical, que se tornou essencial para a adoção da lógica fordista em toda a produção, e, também, a padronização dos produtos, que assegurou lucros para permitir a racionalização do processo produtivo.

Contudo, a integração vertical representou um empecilho ao avanço do projeto, na medida em que os fornecedores alcançavam economias de escalas maiores ao prover os mesmos componentes às diferentes indústrias. Por sua vez, a padronização se revelou um problema para o progresso da tecnologia de produção, pois restringia o espaço para garantia de economias de escala mais elevadas, as quais seriam atingidas pela diversificação dos produtos (Clarke, 1991).

Portanto, Ford produzia em massa todos os componentes dos produtos; contudo, não tinha claro como gerenciaria a empresa globalmente sem centralizar a tomada de decisões. Esse aspecto promoveu a queda da hegemonia dessa empresa nos anos 1930, a partir da entrada da General Motors (GM) na competição. O fundador da GM, Alfred Sloan, diversificou a produção para atender ao mercado, e a Ford dispunha apenas de um modelo. Além disso, Sloan implantou funções nos setores de *marketing* e finanças e definiu a convivência entre um sistema de produção em massa e o gerenciamento de uma corporação com funções múltiplas. Desse modo, ele sofisticou o sistema adotado por Ford, o que permitiu que as empresas estadunidenses controlassem o mercado (Clarke, 1991).

O declínio do sistema fordista teve início a partir de 1955, quando os trabalhadores passaram a reivindicar mais direitos e outras empresas europeias entraram no mercado adotando os mesmos princípios, mas com a criação de modelos mais adequados às realidades locais. As crises do petróleo, nos anos 1973 e 1978, consistiram em mais um fator, pois implicaram o aumento do preço do barril e prejudicaram fortemente a produção industrial.

A produção flexível foi adotada no Japão, a partir da visita do engenheiro Eiji Toyoda à Ford, em 1950, quando propôs melhorias ao concluir que aquele modelo de produção em massa não estava adequado para o Japão. Surgiu, então, o sistema Toyota de produção, ou sistema de produção flexível, resultando na implantação de uma empresa automobilística mais eficiente (Wood Jr., 1992).

Esse modelo flexível de gestão da empresa propõe a diferenciação da organização da produção e do trabalho com base nas inovações tecnológicas, que buscam uma relação mais democrática. Assim, surgem equipamentos especializados, sem a lógica da produção em larga escala, com o objetivo de atender a um mercado distinto.

Segundo Tenório (2011, p. 1163), "esse novo modelo é implementado não mais sob a base de equipamentos ou processos mecânicos e lineares de produção, mas de sistemas eletrônicos que flexibilizam o processo produtivo das organizações com o objetivo de atender às diferentes demandas de um mercado cada vez mais seletivo em quantidade e qualidade".

Assim, defende-se que o regime toyotista é uma combinação de tecnologias e ideias provenientes de outros paradigmas, incluindo novos elementos, como a lógica da flexibilização das diversas esferas da produção.

2.2 *Definição de internacionalização*

Trata-se de um processo que envolve uma série de fatores, como aprendizado, experiência e conhecimento, os quais podem ser de difícil mensuração. Nesse sentido, as pesquisas sobre esse tema devem partir de entrevistas que possam captar os aspectos mais subjetivos envolvidos na internacionalização.

Para preservar sua competitividade, as empresas precisam se inserir no mercado externo. Segundo Craig e Grant (1999, p. 115), "os negócios e o comércio ao redor do mundo são motivados pela concorrência, vantagens potenciais de custo e de *marketshare*, alinhados ao desenvolvimento da comunicação e transportes".

De acordo com Porter (2003), todas as empresas com êxito no exterior têm um elemento comum, que é a inovação tecnológica, a qual pode ser qualquer vantagem competitiva, como um produto, uma forma de produção, uma estratégia de *marketing* ou de organização interna. Porter formulou o modelo denominado *Diamante da vantagem competitiva nacional,* no qual indica as condicionantes interativas para o sucesso da empresa, quais sejam: "condições de fatores, condições de demanda, setores industriais correlatos e de apoio e estabelecimento claro de estratégias, estrutura e rivalidade" (Cerceau; Tavares, 2002, p. 5).

> Chesnais (1996) argumenta que existem três tipos de internacionalização: (i) exportação, (ii) investimento externo direto e (iii) fluxos de capital financeiro.
>
> De acordo com Welch e Luostarinen (1999, p. 84), a internacionalização é "um processo que permite um envolvimento crescente em operações internacionais" por meio das fronteiras.
>
> Johanson e Vahlne (1977) apresentam uma definição semelhante, apontando que a internacionalização é um processo pelo qual as empresas gradualmente expandem seu envolvimento externo.
>
> Luostarinen (1979) determina que uma firma se torna internacionalizada quando estabelece seu primeiro contato no exterior.
>
> Hertz e Mattsson (1998, citados por Muniz, 2004) indicam que a internacionalização pode ser entendida em duas maneiras: (i) como um estado e (ii) como um processo. O primeiro se refere ao grau de dependência internacional de uma empresa, e o segundo se relaciona ao grau de internacionalização que vai estabelecer durante suas operações.
>
> Por sua vez, Chryssochoidis, Millar e Cleggi (1997) defendem que as empresas passam por vários estados de internacionalização, os quais determinam o grau de envolvimento no mercado externo.

Para nosso estudo, interessam duas definições da internacionalização: (i) como estado, relativo ao grau de dependência e à atuação externa; e (ii) como processo, relacionado às diferentes etapas pelas quais a empresa passa (Muniz, 2004).

A internacionalização é entendida como resultado do processo de globalização. Nesse sentido, é um impacto da crescente interdependência entre os Estados, graças à expansão de investimentos e do comércio internacional. Na sequência, abordaremos as definições de *empresas multinacionais* e *empresas transnacionais*.

2.3 Definição de empresas multinacionais e transnacionais

Para Vernon (1971, citado por Chesnais, 1996, p. 72), uma *multinacional* é "uma grande companhia com filiais industriais em, pelo menos, seis países". Por sua vez, segundo Michalet (citado por Chenais, 1996, p. 73), a *multinacional* é "uma empresa (ou um grupo) em geral de grande porte, que a partir de uma base nacional, implantou no exterior várias filiais em vários países, seguindo uma estratégia e uma organização determinadas em escala mundial".

A definição mais conhecida de *corporação* ou *empresa multinacional* é de uma organização de negócios com sede em um país e cujas atividades estão localizadas em mais de dois países, sendo financiadas e controladas por empresários de diversas nacionalidades. A expressão *empresas multinacionais* caiu em desuso em virtude da natureza das operações dessas firmas, que se tornaram mais complexas no século XXI, dando lugar ao termo *empresas transnacionais*, embora as expressões *empresas multinacionais* e *empresas transnacionais* denotem fenômenos distintos, o que será estudado na sequência. Portanto, as empresas transnacionais são a forma de organização que define o investimento externo direto.

Desse modo, as companhias transnacionais podem variar em relação à extensão de suas atividades multinacionais em termos do elevado número de países em que operam. Uma grande empresa transnacional pode operar em mais de cem países, como é o caso da GM, com centenas de milhares de funcionários localizados fora do seu país de origem (Kogut; Zander, 2003). Segundo Bresser-Pereira (1978), essa definição tem a vantagem de ser geral e imparcial, mas fornece uma interpretação incompleta, pois elimina o vínculo histórico da criação dessas empresas com o processo de evolução do capitalismo monopolista de Estado.

Essa definição econômica determina a habilidade de gestores em um país de controlar as operações em terras estrangeiras. É comum que a habilidade de controlar seja confundida com fluxos de capital pelas fronteiras nacionais. A tese de Hymer (1976) determina que o fluxo de capital não é o elemento que caracteriza e distingue a empresa multinacional das demais e aceita que o fluxo de capital não é o elemento que caracteriza e distingue a empresa multinacional das demais, pois os capitais podem entrar em uma economia e ir para outra em busca de maiores retornos, ou seja, taxas de juros mais lucrativas. Contudo, esses investimentos podem ser muito reduzidos em termos quantitativos para garantir controle aos proprietários estrangeiros. Esse tipo de investimento é definido como *investimento de portfolio*. O aspecto central do investimento direto externo é a propriedade solicitada por um ator localizado em outro país sobre as operações de uma firma estrangeira. Desse modo, a empresa multinacional é o resultado do investimento direto externo, definido como o controle efetivo das operações em uma nação por proprietários estrangeiros (Kogut; Zander, 2003).

Todavia, essa definição econômica não insere a corporação transnacional como o mecanismo organizacional por meio do qual diferentes sistemas econômicos e sociais se confrontam. Uma empresa multinacional transfere sua bagagem organizacional para outra estrutura institucional, a qual está inserida em diferentes contextos sociais, políticos e culturais, podendo causar conflitos com as normas previamente existentes. Nesse sentido, as empresas podem ser uma fonte importante de transferência de tecnologia e conhecimento através das fronteiras, permitindo a cópia e a emulação de novas práticas e o abandono de práticas anteriores. Além disso, como essas corporações têm grande magnitude, podem representar desafios a governos nacionais e regionais (como a União Europeia) na manutenção da autonomia em suas políticas econômicas nacionais (Kogut; Zander, 2003).

Em resumo, a definição econômica das *empresas transnacionais* é de que elas são corporações localizadas em mais de três países e que controlam as atividades estrangeiras por meio do arranjo da firma. Por outro lado, a definição sociológica aponta que as empresas são ferramentas por meio das quais algumas práticas de organização da empresa são transferidas e copiadas entre os diferentes Estados. Assim, *investimento direto estrangeiro* e *corporações transnacionais* são termos complementares que descrevem dois fenômenos distintos, mas correlacionados.

Já as empresas internacionais podem ser entendidas como todas aquelas que têm filiais instaladas em mais de um país. Contudo, as multinacionais são mais abrangentes, porque são grandes corporações oligopolistas, que aumentaram sua relevância a partir dos anos 1950. De acordo com Bresser-Pereira (1978), a expressão *multinacional* surgiu nesse período, momento em que o capitalismo sofreu alterações em sua estrutura e passou a ter um alcance global. Ainda à época, a aproximação comercial e financeira entre os países de centro e periferia, resultante da divisão internacional do trabalho, passou ao nível da unificação industrial por meio das empresas multinacionais. O autor pontua que as empresas existentes anteriormente nas esferas financeiras, comerciais e de serviços e que operaram em outros países já podiam ser denominadas *multinacionais* (Bresser-Pereira, 1978). No entanto, as corporações monopolistas e oligopolistas que controlaram a economia mundial e suas atividades atingiram uma etapa efetiva na integração global da produção apenas nesse período, ganhando o reconhecimento como empresas multinacionais.

Dos anos 1950 em diante, estabeleceu-se uma estratégia de expansão do capitalismo, realizada por meio de planejamento da utilização dos insumos em âmbito global. A inovação desse processo é a expansão substancial do número de firmas multinacionais manufatureiras, mas o papel desempenhado pelos bancos internacionais no sistema financeiro, concedendo crédito a essas empresas, os quais também se tornam grandes corporações multinacionais, é primordial (Bresser-Pereira, 1978).

> Fica nítido que não há um consenso sobre a classificação de empresas, observe:
>
> Os autores Craig e Grant (1999) diferenciam empresas multinacionais de transnacionais.
>
> Hitt, Ireland e Hoskisson (2003) afirmam que as empresas evoluem nas etapas: multidomésticas, globais até transnacionais.
>
> Por outro lado, Dalt (2002, citado por Guido; Lima, 2012) distingue as empresas em domésticas, internacionais, multinacionais e globais.
>
> Por sua vez, Bartlett e Ghoshal (2008) classificam as empresas com base em modelos de organização, que têm início com a empresa internacional, passando por multinacional e global até chegar à etapa de transnacional.

Para nosso estudo, contudo, ficaremos com as categorias e definições de Bartlettt e Ghoshal (2008), que distinguem as empresas internacionais, multinacionais, globais e transnacionais.

Empresas internacionais, multinacionais, globais e transnacionais

Segundo Guido e Lima (2012), as empresas transnacionais são produto da crescente fragmentação do processo de produção, a partir do qual as multinacionais deixaram de ter fronteiras como resultado do desenvolvimento dos meios de comunicação e transporte. A partir da década de 1980, com os processos de crise sofridos nas grandes economias, as organizações sofreram pressão pela expansão de lucros, mediante aumento da eficiência, redução de custos e progresso tecnológico, o que induz ao processo de multinacionalização. Assim, as empresas passaram a diversificar sua atuação, reduzindo a importância do local e evoluindo seu alcance até se tornarem transnacionais.

As empresas transnacionais, diferentemente das multinacionais, perdem sua referência nacional ao não terem capital social pertencente a qualquer país; logo, não é um país que controla sua produção. Isso ocorre porque os produtos passam a ter componentes fabricados em diferentes partes do globo e são montados em uma única região, o que é resultado da busca pela diminuição de custos.

Para Bartlett e Ghoshal (2008), os benefícios para as empresas de assumirem uma estratégia transnacional são:

- a dispersão de ativos, o que reduz os riscos dos investimentos;
- a especialização de operações, o que torna a produção mais eficiente;
- as relações interdependentes, o que diminui a dependência em relação a um único país.

Esse cenário permite a aprendizagem e a difusão de tecnologia e conhecimento, que culmina em inovações, ganhos de economia de escala e administração mais correta dos problemas econômicos de cada país (Guido; Lima, 2012).

O fenômeno da transnacionalização (ou supranacionalização) e multinacionalização demonstra apenas as diferenças entre os dois tipos de empresas:

- A empresa transnacional está acima das fronteiras geográficas, pois as distâncias têm sido diminuídas pelo avanço das comunicações e dos transportes, mas também acima das fronteiras representadas pela língua, pela cultura, pela mentalidade e pela tecnologia. A empresa transnacional opera no mercado financeiro nas diferentes bolsas de valores ao redor do mundo.
- Em comparação, a multinacional está listada nas bolsas de valores com menor importância. As corporações multinacionais produzem sem gerar lucros significativos para

o desenvolvimento de suas próprias atividades de pesquisa e inovação, de modo que não conseguem estabelecer uma estrutura uniforme.

- Outra diferença significativa é o acesso ao crédito. A empresa transnacional é considerada um investimento de baixo risco, que permite o acesso ao financiamento a baixo custo. No caso da multinacional, esta tem acesso a poucas fontes de crédito, ficando dependente de seus próprios recursos para promover expansões nas empresas.

O Quadro 2.1 apresenta a classificação de empresas de Bartlett e Ghoshal (2008).

Quadro 2.1 – Tipos de empresas e suas características

Tipos	Características	Mentalidade	Controle	Organograma
Internacional	Federação coordenada. Ativos-chave, recursos e decisões descentralizadas, mas controladas a partir da matriz.	A direção entende as operações internacionais como um apêndice das operações domésticas da corporação.	Controle administrativo, planejamento e controles formais permitem um forte monitoramento da filial.	
Multinacional	Federação descentralizada. Ativos-chave, recursos, responsabilidades e decisões são descentralizados.	A direção compreende as operações internacionais como um *portfolio* de negócios independente.	Controle pessoal, informal, entre a matriz e filial, e controles financeiros simples.	

(continua)

(Quadro 2.1 – conclusão)

Tipos	Características	Mentalidade	Controle	Organograma
Global	A matriz é um *hub* ("ponto de concentração"). A maioria dos ativos-chave, dos recursos, das decisões e das responsabilidades está centralizada.	A direção observa as operações internacionais como um canal de venda em um mercado global unificado.	Controle operacional. Forte centralização das decisões, dos recursos e da informação.	
Transnacional	Recursos e capacidades distribuídos e especializados.	Processo complexo de coordenação e cooperação, em um ambiente de tomada de decisões compartilhadas.	Grande fluxo de componentes, produtos, recursos, pessoas e informação entre unidades independentes.	

Fonte: Guido; Lima, 2012, p. 87.

Observe no quadro que podemos diferenciar as empresas, segundo Bartlett e Ghoshal (2008), em empresas internacionais, multinacionais, globais e transnacionais. Os elementos que diferenciam as quatro categorias são as características, a mentalidade, o controle e o organograma. Quanto às características, a empresa internacional é uma federação coordenada, a multinacional é descentralizada, a global funciona como um *hub* (ponto de concentração), e a transnacional tem recursos espalhados entre os países. No que tange à mentalidade, a internacional compreende as atividades da empresa externa como um anexo das operações nacionais; já a multinacional entende as atividades externas de modo independente dos negócios domésticos. Por sua vez, a corporação global entende as atividades internacionais como um meio de se integrar ao mercado global, ao passo que as transnacionais têm um processo complexo de tomada de decisão, realizada por diversos atores, em diferentes países. No que diz respeito ao controle, este é centralizado tanto na empresa internacional quanto na global, permitindo que exerçam influência sobre as filiais. Por sua vez, as empresas multinacionais mantêm um controle descentralizado, e as transnacionais exercem um controle também descentralizado entre as diferentes unidades, com um fluxo complexo de elementos.

2.4 Processos e formas de internacionalização das empresas

Uma questão que devemos levantar aqui é: Será que é sempre lucrativo para a empresa estabelecer filiais no exterior ou há outras formas de se internacionalizar sem necessariamente fundar subsidiárias em outras nações? Devemos ter em mente que muitas empresas não assumem o processo de fabricação ou importação do produto, porque, em muitos casos, é mais benéfico terceirizar essas atividades e apenas geri-las. As grandes empresas de confecção de roupas adotam essa estratégia sem controlar o processo de fabricação, que é realizado por terceiras em países estrangeiros, mas colocando sua marca no bem final.

Em outros casos, as empresas optam por se vincular a empresas locais em um país estrangeiro, para fabricar alguns componentes, reduzindo os custos de produção. O setor em que mais se observa essa estratégia é o de eletrônicos, que busca mercados que oferecem componentes a preços mais baixos, separando a produção em diferentes partes do mundo. Assim, um computador pode ter suas peças fabricadas na China, o *software* desenvolvido em Singapura e o resultado final montado no México (Dalla Costa; Santos, 2011).

Desse modo, o estabelecimento de uma empresa no exterior não é a única forma de se inserir no mercado internacional. Outra forma de se internacionalizar é por meio da venda do conhecimento desenvolvido por uma corporação para outras empresas, pois a primeira tem direitos de propriedade sobre esse conhecimento. Essa firma se torna reconhecida por fornecer inovações técnicas e as transforma em plataformas de negócio. Existem diferentes maneiras de se vender tecnologia, quais sejam:

- *franchising*, no qual a empresa que vende oferece a estrutura do negócio;
- licenciamento, que representa uma autorização para a produção e a venda da mercadoria de outra empresa;
- transferência de tecnologia, que se refere à transferência de um processo para outra empresa em troca de dinheiro e é uma das principais formas de garantir uma boa *performance* a uma nova empresa.

Depois de decidirem se internacionalizar, as empresas precisam definir como vão entrar nos mercados, pois há formas variadas de fazer isso. Beamish, Makino e Woodcock (1994) relacionam o desempenho da empresa ao modo de entrada no exterior, identificando que, quanto melhor o desempenho interno, maior o aprofundamento atividades internacionais.

Por sua vez, Dunning (1991) aponta que algumas características dos países no exterior, como os riscos políticos e as expectativas de expansão do mercado, podem determinar a maneira escolhida para ingressar no mercado. Por exemplo, quando o mercado é limitado ou os riscos políticos são altos, as corporações normalmente optam pela exportação ou pelo licenciamento, pelo elevado risco de estabelecer investimento direto nesse país.

Outros aspectos podem intervir na decisão de entrada, como a natureza da demanda e as barreiras tarifárias. Além disso, outros elementos internos à empresa, como suas estratégias e seus objetivos, podem afetar a definição do modo de entrada no exterior.

O primeiro modo de entrada, e mais comum, é a exportação, atividade desenvolvida quando há instalação permanente de atividade no mercado externo (Cerceau; Tavares, 2002). Os tipos de exportação são:

- direta, quando a empresa cria um departamento para a venda de suas mercadorias no mercado externo;
- intermediada e auxiliada, quando a firma tem o benefício de contato mais rápido com o mercado exterior, com riscos menores;
- cooperativa ou *piggyback*, a qual se refere à utilização de canais de distribuição de outras firmas para vender seus bens. (Cerceau; Tavares, 2002)

A segunda forma de entrada é por meio da via contratual, composta por uma série de modelos:

- O primeiro são os **acordos de licença**, adotados para fabricação de produtos ou utilização de marcas, patentes, processos produtivos etc. Essa forma de entrada implica custo reduzido, representando uma escolha lucrativa. Contudo, o problema identificado é que um licenciado pode se transformar em um competidor.
- O segundo tipo de contrato é a **franquia**, que permite o fornecimento do direito de utilização do conceito do negócio, inclusive marcas e demais estratégias, pela condução pessoal das operações por parte do franqueado, a partir do pagamento de *royalties* ao franqueador. A franquia tem uma série de vantagens, e a principal delas se refere à alta probabilidade de êxito nos negócios, em razão da utilização de uma marca consagrada, com uma velocidade de retorno mais elevada. Contudo, a desvantagem seria a reduzida autonomia em relação à condução das operações e às taxas e *royalties* abusivos.
- A terceira forma é o **contrato de gestão**, no qual uma organização administra as operações parcialmente ou totalmente de outra empresa (de outro país), em troca de rendimentos ou participação nos lucros. Essa alternativa tem baixo custo

porque as empresas mantêm as mesmas estratégias e têm controle sobre as operações. Contudo, existe o risco de que o gestor se torne um futuro competidor.

- A quarta via contratual são as alianças estratégicas, coalizões com organizações para atingir objetivos estratégicos que trarão vantagens para todas as partes envolvidas. Assim, duas ou mais firmas se tornam sócias em um projeto de investimento no exterior. Essas coalizões devem garantir maior chance de êxito por permitir uma atuação baseada na cooperação. Podemos analisar as alianças a partir de um *continuum*, que se inicia na hierarquia, em que o grau de integração vertical é grande, até o mercado, no qual não existe integração vertical.

Figura 2.1 – Opções de alianças estratégicas em termos de grau de integração vertical com a empresa matriz

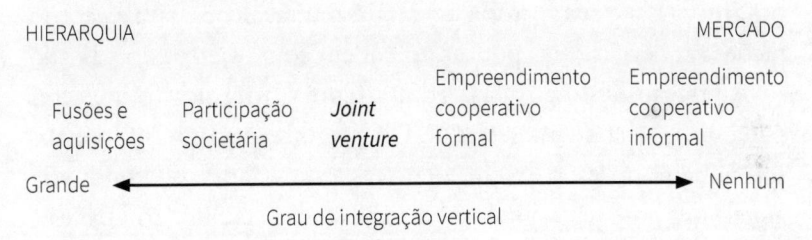

HIERARQUIA				MERCADO
Fusões e aquisições	Participação societária	*Joint venture*	Empreendimento cooperativo formal	Empreendimento cooperativo informal
Grande ←		Grau de integração vertical		→ Nenhum

Fonte: Cerceau; Tavares, 2002, citados por Barbosa, 2012, p. 31.

O lado esquerdo da Figura 2.1 demonstra a integração completa das operações dentro da empresa, e o lado direito representa a ausência de integração vertical. As fusões e as aquisições seriam as formas de maior hierarquia em termos de integração vertical, e o empreendimento cooperativo informal teria menor comprometimento, com maior liberdade.

Dentro das alianças estratégicas, destacam-se as *joint ventures*, que são constituídas por parceiros estratégicos formais. Para criar uma nova organização no mercado externo, duas empresas de nacionalidades distintas estabelecem compromissos de gestão conjunta das atividades, apresentando um grau menor de risco em comparação à instalação de filiais. Outra aliança bastante conhecida são os consórcios, associações criadas para se alcançar recursos para criar um empreendimento. Os consórcios de exportação são vistos como uma aglomeração de firmas com objetivos comuns, constituindo uma instituição.

Estudo de caso

A primeira empresa multinacional: a história da Companhia das Índias Orientais e suas relações com as empresas contemporâneas[2]

A Companhia das Índias Orientais foi estabelecida em 1600 e teve, durante aproximadamente 200 anos, o monopólio do comércio do Ocidente com o Oriente, o que era garantido pelo governo britânico. Ela e sua história deixaram muitas lições para as corporações modernas, mas poucas aprendem com os erros do passado.

A relação dessa empresa com a Coroa Britânica foi determinada pela troca de interesses. A Companhia das Índias Orientais foi pioneira no modelo corporativo de sociedade aberta, ou seja, aquela que abre seu capital na bolsa de valores (Freitas, 2012). Nesse sentido, passou por uma bolha nas negociações de seus ativos e se envolveu em disputas pelo poder, além de ser indicada como a responsável pelo caso conhecido como a fome de Bengala, que causou a morte de milhões de indianos por inanição.

A formas de inserção dessa empresa no cenário internacional eram focadas na exportação direta. Em termos de definição, era uma empresa internacionalizada, mas não tinha uma gestão em outro país, por isso não é considerada transnacional.

---

2 Estudo de caso elaborado com base no livro do historiador Nick Robbins (2012), que investiga a história da Companhia das Índias Orientais, considerada a primeira multinacional da história. Ainda, foi consultada a reportagem jornalística escrita por Tatiana Freitas (2012) para a *Folha de S.Paulo*.

Contemporaneamente, as comparações entre grandes empresas e a Companhia das Índias são muitas e vão desde as grandes empresas que detêm monopólio de mercado até as práticas de gestão, passando pela especulação no mercado de ações e pelo uso de informações privilegiadas e episódios de corrupção.

Com relação aos erros dessa empresa que repercutiram nas companhias modernas, podemos apontar a concentração na área de geração de energia, altamente dependente de combustíveis fósseis (petróleo), a qual é uma ameaça à sustentabilidade do meio ambiente. Outro exemplo é o poder de mercado das grandes varejistas mundiais de alimento, que eliminam a concorrência dos pequenos produtos, o que contribui para o empobrecimento das comunidades agrícolas e do campo. Atualmente, por exemplo, a rede Walmart é classificada por Freitas (2012) como "o emblema da nova era monopolista", com milhares de ações judiciais contra ela e sendo uma das empresas com maior lucratividade no mundo sem produzir nada, apenas comercializando produtos.

No que tange aos ensinamentos positivos da Companhia das Índias, a autora aponta que "Os comerciantes ingleses ensinaram como promover o equilíbrio entre oferta e demanda em lados opostos do globo" (Freitas, 2012). Essa empresa demonstrou a diferença entre investidores financeiros e administradores da empresa e apresentou o conceito de compartilhamento de riscos e lucros entre os acionistas, relacionado à ideia de novas formas de inserção externa (como as alianças estratégicas).

Síntese

Neste capítulo, apresentamos a origem histórica das empresas e o seu processo de internacionalização. Em um segundo momento, analisamos o regime fordista-taylorista, essencial para o aumento da produtividade das grandes empresas, como paradigma para a organização industrial. Posteriormente, observamos como o toyotismo, modelo japonês de organização industrial, contribuiu para a racionalização da produção das grandes corporações.

Abordamos, ainda, as definições de *empresas multinacionais* e *transnacionais*, bem como as formas de inserção internacional das empresas. Vimos que é possível classificar uma empresa de diferentes modos, mas a categorização que nos pareceu mais adequada é a de Bartlett e Ghoshal (2008) – internacionais, multinacionais, globais e transnacionais –, a qual leva em conta que cada corporação se diferencia pelas características, pelo controle, pela mentalidade e pelo organograma.

A internacionalização, por sua vez, é entendida como um produto da crescente interdependência entre os Estados e resulta na expansão da atuação internacional das empresas. Depreende-se que a transnacional supera a lógica das fronteiras geográficas, bem como tem seu capital aberto a bolsas de valores. Por sua vez, a multinacional recebe menor acesso ao crédito e tem uma referência nacional, mesmo atuando em vários países.

Sobre as formas de internacionalização, explicamos que existem as exportações, muitas vezes realizadas como venda de tecnologia em suas diferentes formas, entre outras. Entendemos que vários elementos interferem na decisão de como ingressar no mercado internacional, como as barreiras tarifárias, a natureza da demanda, os objetivos etc. Optamos por apresentar mais profundamente aqui a exportação, a via contratual, as franquias, as alianças estratégicas (que podem ser fusões, participação societária, *joint ventures* etc.) e os contratos de gestão.

Questões para revisão

1. Apresente os quatro estágios de inserção internacional das empresas multinacionais segundo Bresser-Pereira (1978).

2. Aponte as características centrais do método de produção fordista-taylorista e a transição para o método flexível (toyotismo).

3. Analise as afirmativas a seguir a respeito do processo de internacionalização.

   I. Segundo Chesnais (1996), as três formas de internacionalização são: exportação, investimento externo direto e alianças estratégicas.

   II. Uma das formas de internacionalização é por meio da venda de tecnologia, e as maneiras de se fazer essa operação são: *franchising*; *joint venture*; e licenciamento.

   III. De acordo com Porter (2003), as empresas de sucesso no mercado externo têm uma característica comum, que é a vantagem da inovação tecnológica.

   IV. A internacionalização é vista como fruto da globalização e deve ser entendida no contexto de interdependência entre Estados, a partir da ampliação das relações econômicas internacionais.

   Assinale a alternativa correta:

   a. III e IV estão corretas.
   b. I e II estão corretas.
   c. I, III e IV estão corretas.
   d. I, II e III estão corretas.
   e. Todas estão corretas.

4. Sobre a definição de empresas multinacionais e transnacionais, assinale a alternativa **incorreta**:
   a. A definição econômica de *empresa multinacional* é a de uma firma com filiais em mais de três países, com as operações controladas pela matriz; já a definição sociológica aponta que as empresas multinacionais são mecanismos pelos quais práticas organizacionais são difundidas para outros países.
   b. As empresas internacionais são aquelas que têm subsidiárias em mais de um país. No entanto, multinacionais são mais abrangentes, tendo sua atuação expandida pelo globo, sem perder, contudo, os vínculos nacionais.
   c. As empresas multinacionais, ao contrário das transnacionais, perdem sua referência nacional, pois mais de um país controla a produção.
   d. A empresa transnacional está acima das fronteiras geográficas e das fronteiras associadas ao idioma e à cultura. Opera no mercado financeiro, nas diferentes bolsas de valores ao redor do mundo, ao passo que a multinacional tem seu capital aberto nas bolsas de valores com menor importância.
   e. A empresa transnacional é considerada um investimento de baixo risco que permite o acesso ao financiamento a baixo custo, e a multinacional tem acesso a poucas fontes de crédito.

5. Assinale a afirmativa que **não** contém uma das formas de internacionalização das empresas:
   a. Exportação.
   b. Franquia.
   c. Alianças estratégicas.
   d. Contrato de gestão.
   e. Importação de bens.

Questões para reflexão

1. Apresente exemplos de empresas (brasileiras ou estrangeiras) que optaram pelas formas de internacionalização apresentadas na Seção 2.4.

2. Como ocorreu o processo de internacionalização das empresas brasileiras? Do seu ponto de vista, a entrada de multinacionais impõe mais impactos positivos ou negativos ao Brasil?

Para saber mais

BRESSER-PEREIRA, L. C. Empresas multinacionais e interesse de classe. **Encontros com a civilização brasileira**, n. 4, p. 11-27, out. 1978. Disponível em: <http://www.bresserpereira.org.br/papers/1978/78-Empresas Multinacionais.pdf>. Acesso em: 25 jun. 2024.

Esse texto é fundamental para entender o conceito de *multinacional*, bem como compreender o processo de expansão em etapas experimentado pelas grandes corporações. O artigo apresenta também um estudo sobre o avanço das multinacionais brasileiras e o vínculo político dessas empresas, além de analisar os interesses de classe envolvidos.

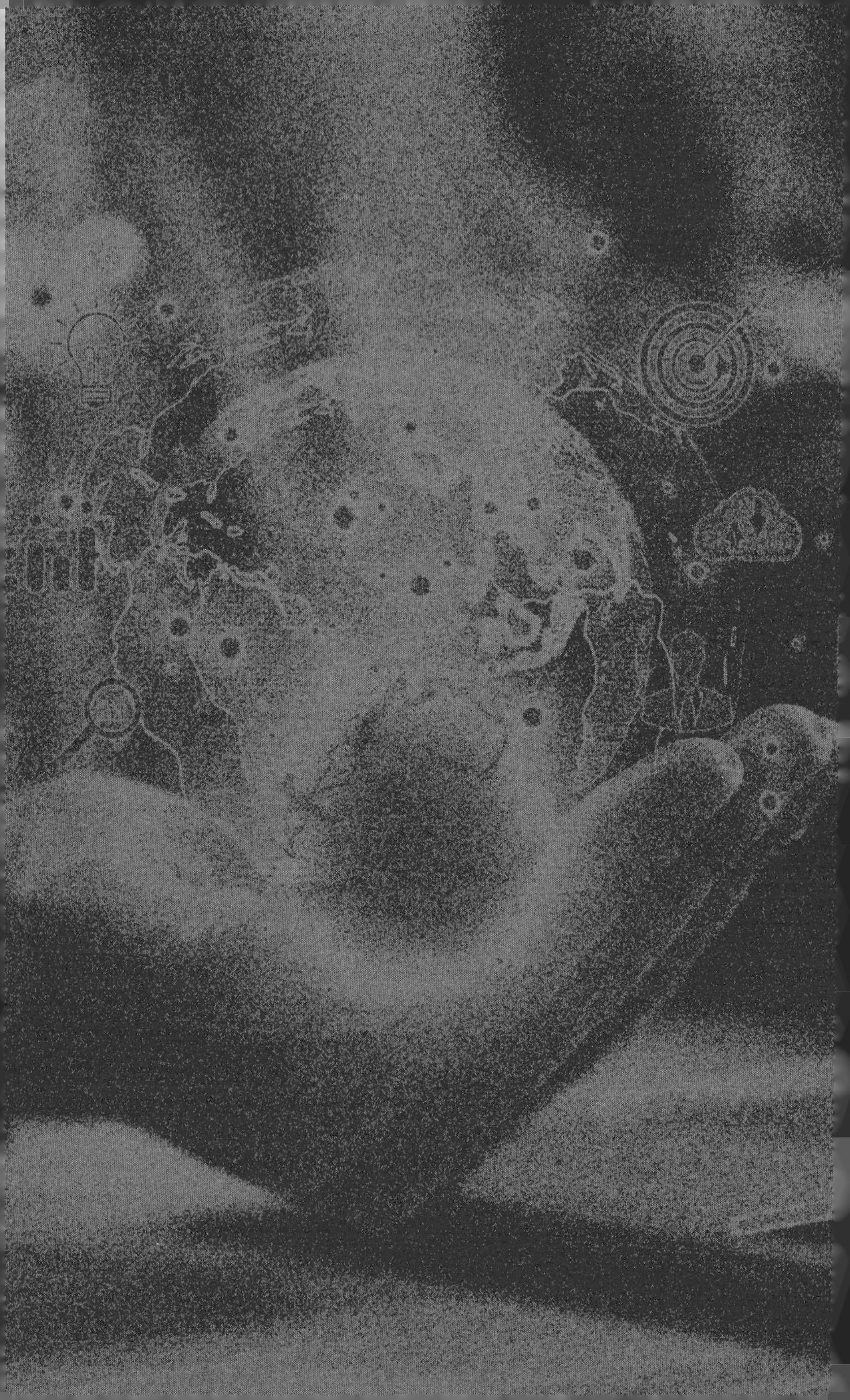

capítulo três

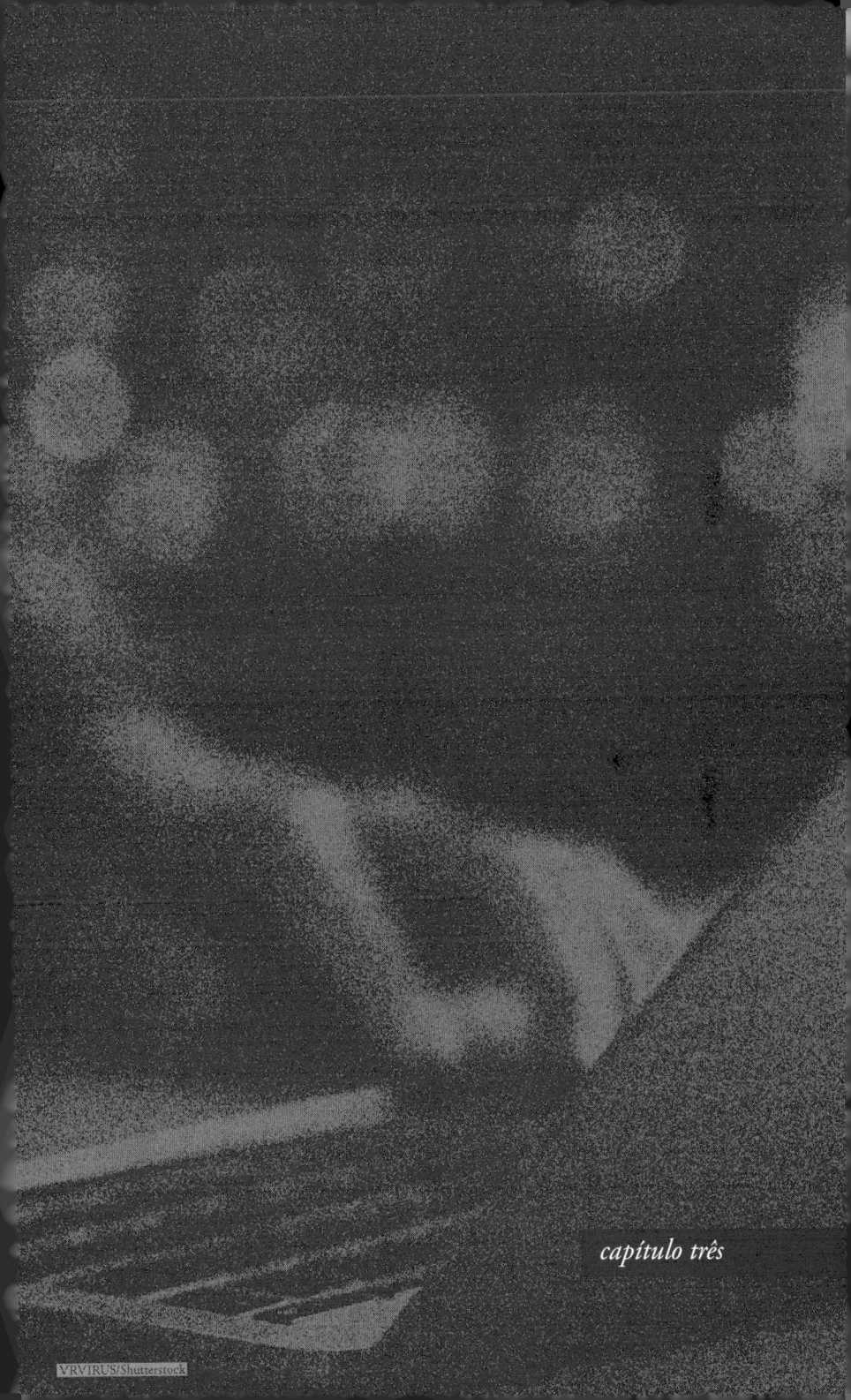

VRVIRUS/Shutterstock

Abordagem teórica da internacionalização de empresas

Conteúdos do capítulo

- Abordagens econômicas e comportamentais da internacionalização de empresas.
- Paradigma eclético e Escola de Uppsala.
- Modelo de redes e abordagem *International Enterpreunership View*.

Após o estudo deste capítulo, você será capaz de:

1. compreender os aspectos teóricos da internacionalização de empresas;
2. aplicar as diferentes teorias sobre internacionalização a estudos de caso concretos.

De acordo com Hilal e Hemais (2003), as teorias sobre internacionalização de empresas podem ser divididas em duas correntes:

1. Econômica: são estudadas as tendências macroeconômicas dos países, utilizando dados relativos ao comércio, ao câmbio e ao balanço de pagamentos, e as questões microeconômicas, como as teorias de custos ou de produção.
2. Organizacional: também chamada *comportamental*, essa corrente coloca ênfase no comportamento dos indivíduos e dos gestores dessas grandes empresas.

Neste capítulo, apresentaremos as perspectivas econômicas e comportamentais da internacionalização, com o objetivo de fornecer ferramentas teóricas fundamentais para a compreensão da origem e do processo de internacionalização de empresas.

3.1 Teorias econômicas da internacionalização

As teorias de internacionalização são usualmente baseadas no critério econômico e direcionadas pelas decisões racionais, em busca principalmente da otimização dos interesses. Por um lado, elas se revelam mais adequadas para interpretar o processo de inserção externa de empresas maiores. Por outro lado, compreendem a internacionalização como dependente de atitudes, percepções e comportamentos dos atores (as empresas e seus gestores), e as decisões, geralmente orientadas pela redução de riscos e incertezas, englobam fatores como onde se internacionalizar e como deve ser feita essa expansão externa (Carneiro; Dib; Hemais, 2005).

Quadro 3.1 – Abordagens econômicas da internacionalização de empresas

Abordagem teórico-econômica	Pressupostos
Teoria do ciclo do produto	Essa perspectiva visualiza a inserção internacional como uma estratégia para aumentar a vida útil dos produtos no mercado, o que seria possível a partir do investimento externo direto em outro país. Assim, as empresas teriam benefícios com essa internacionalização, por não terem de enfrentar concorrência.
Teoria do poder de mercado (market power approach)	Abordagem baseada no artigo de Hymer (1976)[1], que defende que as empresas devem aumentar constantemente sua participação no mercado doméstico, em termos de capacidade, fusões e aquisições. A alta concentração no mercado promoveria mais controle de mercado e lucros maiores. Contudo, a partir de um determinado momento, se torna impraticável a expansão. Portanto, os altos lucros resultantes da posição quase monopolística devem ser redirecionados para a inserção internacional em novos mercados, promovendo um padrão semelhante de concentração da indústria em outros locais.
Teoria da internalização	Essa teoria foi criada a partir da revisão do trabalho de Buckley & Casson (1976; 1998), cuja inspiração se encontra nos estudos de Coase (1937). Esse argumento coloca ênfase na eficiência das operações e utiliza a lógica dos custos de transação como a razão que justifica como os arranjos de mercado ou os arranjos de internalização (em termos hierárquicos da empresa) devem ser usados.
Paradigma eclético da produção internacional	O Paradigma eclético, formulado por Dunning (1980; 1993) estabelece que as empresas têm vantagens de propriedade e irão explorar vantagens de localização, bem como podem utilizar-se de vantagens de internalização, resultante do controle sobre certas operações. A empresa, ao manter o controle sobre suas operações, pode obter mais benefícios dos seus produtos diferenciados ou tecnologias próprias ou por suas melhores capacidades de colocação no mercado.

Fonte: Dalla Costa; Santos, 2011.

---

[1] O trabalho de Hymer intitulado "The International Operations of Nation Firms: a Study of Foreign Direct Investment" trata do poder de mercado das firmas, isto é, do controle que uma empresa estrangeira exerce sobre o mercado doméstico.

Observando o Quadro 3.1, podemos constatar que o que aproxima essas teorias é a preocupação com os aspectos econômicos do processo de inserção internacional, isto é, aumento do poder de mercado, preservação do tempo de vida do produto, expansão da produção mediante internalização, expansão de lucros e redução de custos.

A grande limitação desses enfoques é a ausência de uma análise sobre os aspectos políticos, culturais e sociais envolvidos no processo de tomada de decisão sobre a internalização da empresa e dos efeitos que essa expansão ao mercado internacional pode ter para o país de origem e para o receptor.

Na abordagem econômica, temos a **teoria do ciclo do produto**, que defende a internacionalização como uma maneira de expandir o tempo de vida dos bens no mercado: quando acontece uma expansão na concorrência ou uma queda de consumo no país de origem, a produção é transferida para outro país, em um mercado que oferece menor concorrência. Dessa forma, as empresas podem explorar novas oportunidades, aproveitando os benefícios da nova localidade e garantindo custos menores.

A segunda abordagem da corrente econômica é a **teoria do poder de mercado**, que determina o investimento externo direto como uma estratégia para que as empresas expandam seu poder de mercado por meio da adoção de barreiras à entrada, em razão, por exemplo, do *know-how* que ela detém na produção de determinado bem ou do acesso que ela tenha ao crédito facilitado, enquanto outras empresas não o detêm. Esse pode ser o caso de empresas públicas, por exemplo, que são beneficiadas pelo financiamento estatal.

Outro conceito de enfoque econômico é a **teoria da internalização**, que estabelece que as falhas de mercado, como o reduzido acesso à informação e o oportunismo, seriam os elementos que motivariam as empresas a adotar o investimento direto para ingressar no mercado externo. Desse modo, a corporação internaliza suas operações em outro país quando tiver vantagens que a diferenciem de outras empresas. Nessa lógica, a exportação é apenas o início para promover a entrada de multinacionais. Um exemplo dessa forma de entrada é a de empresas suíças produtoras de relógios, que, graças ao conhecimento prévio de que dispõem na produção desse produto, conseguiram internalizar a produção em outros mercados e se mantiveram como líderes do mercado.

Nessa teoria, os autores apresentam as seguintes etapas para entrada em mercados externos: exportação, investimento direto estrangeiro e licenciamento, este último ocorrendo apenas em graus mais avançados, quando as vantagens que a empresa detiver não forem mais fundamentais.

Na seção a seguir, analisaremos o paradigma eclético de Dunning em separado, por sua relevância como teoria da internacionalização.

Paradigma eclético de Dunning

O quarto modelo teórico econômico, o mais reconhecido entre os quatro, é o paradigma eclético de Dunning, que busca entender por que as empresas decidem se internacionalizar. Dunning (1980) estabelece que a empresa, quando entra no mercado externo, deve sempre ter vantagens competitivas. Assim, se a empresa tem a patente de certa tecnologia, por exemplo, ela pode determinar que se deslocar para outros mercados é a melhor estratégia. Três vantagens podem estar associadas a esse paradigma: (i) vantagens de propriedade, (ii) vantagens de internalização e (iii) vantagens de localização.

Para Dunning (1980), as falhas de mercado, especialmente assimetria de informações, especificidade de ativos (controle de patentes etc.) e custos de transação, induzem as firmas a se estabelecerem em outro local em vez de se focalizarem apenas em exportar ou licenciar. Dunning (1980) tem como hipótese que, para que a firma possa realizar um investimento externo direto, ela deve apresentar as seguintes vantagens:

> - Vantagens de propriedade em relação a outras empresas, para atender a um mercado específico. Esse aspecto está voltado ao controle de patentes e marcas, ao desenvolvimento tecnológico da empresa, à capacidade de gestão e à competência na diferenciação de bens.
> - Vantagens de internalização, que são análises dos benefícios de que a empresa usufruirá se instalando em outro país em relação à venda ou à cessão dos direitos por meio de *leasing* para outras empresas. Assim, a companhia opta pela internacionalização à medida que isso é mais vantajoso do que externalizar a produção mediante contratos de *leasing*.
> - Vantagens de localização, que se associam ao fato de ser mais interessante aproveitar as duas vantagens expostas anteriormente de maneira vinculada a um fator externo ao país de origem, como existência de mão de obra barata, isenções fiscais e acesso a insumos e a mercados mais protegidos. Desse modo, seria mais lucrativo para a empresa se localizar em outro país em vez de apenas exportar.

O Quadro 3.2, a seguir, revela as principais precondições às quais a decisão de internacionalização estaria baseada no modelo (OLI).

Quadro 3.2 – Vantagens competitivas associadas à internacionalização

Vantagens de propriedade	Vantagens de internalização	Vantagens de localização
Propriedade tecnológica; dimensão; economias de escala; diferenciação do produto; dotações específicas, como trabalho, capital e organização; acesso a mercados, insumos e produtos; multinacionalização passada.	Redução dos custos de transações; redução da incerteza; controle da oferta; controle de vendas; ganhos estratégicos; proteção do direito de propriedade; aproveitar; externalidades compensar a ausência de mercados.	Diferença nos preços de insumos e matérias-primas; qualidade de insumos e matérias-primas; custos de transporte e comunicação; distância física, idioma, cultura; distribuição espacial dos insumos.

Fonte: Dunning, 1998, p. 74, tradução nossa.

Analisando concretamente os motivos pelos quais uma empresa se internacionaliza, podemos concluir que o primeiro e mais intuitivo é a garantia de fornecimento de matéria-prima ou máquinas para a produção, uma vez que muitos dos fornecedores podem estar localizados fora das fronteiras do país de origem da empresa.

Para Dunning (1991), os motivos que levam uma empresa a se internacionalizar, instalando unidades produtivas em outro país, por meio de investimento externo direto, são os elencados a seguir.

Garantia de acesso a recursos ou outras vantagens baseadas na localização (*resource seeking*): Essa busca de insumos está vinculada à ideia de que o investimento externo, seja feito por meio da instalação de empresas, seja por meio de compras de outros locais, tem como objetivo explorar as vantagens do novo local, como abundância de recursos naturais. Nesse caso, as empresas podem se deslocar em busca de mercados que ofereçam vantagens de insumos ou busquem fornecedores mais competitivos.

No caso do Brasil, um dos recursos em que somos abundantes é o aço, o que torna as empresas de siderurgia importantes fornecedoras para o resto do mundo. Muitas empresas estadunidenses abriram filiais no México após a assinatura do Acordo de Livre Comércio da América do Norte (em inglês North American Free Trade Agreement – Nafta), pois esse mercado oferecia insumos mais baratos[2].

Expansão das capacidades, ativos estratégicos ou aumento do retorno do investimento (*asset/capability seeking*): Essa estratégia está relacionada à necessidade de se fazer avaliações de longo prazo, por meio da busca de ativos de empresas estrangeiras, que podem resultar em ampliações ou fusões. São muitos os exemplos de fusões de empresas que podemos mencionar. Nesse sentido, os ativos obtidos permitem a entrada em um novo mercado e a ampliação das sinergias comerciais e tecnológicas, ou podem promover diminuição de custos produtivos. As fusões e aquisições expandem o poder de mercado para enfrentar a concorrência e aumentar a participação no mercado. Por exemplo, a Lan Chile comprou a TAM Linhas Aéreas e expandiu seu mercado na América Latina ao ter maior controle sobre o mercado brasileiro.

Obtenção de ganhos de eficiência ou economias de escala (*efficiency seeking*): Por meio dessa estratégia, a empresa racionaliza os investimentos que já realizou, produzindo em alguns países nos quais pode aproveitar economias de escala e de escopo, reduzindo os riscos do investimento. Tal medida permite o aumento da escala da produção e, consequentemente, expande os lucros. Assim, a empresa unifica a gestão e a administração de suas empresas para obter ganhos relacionados a economias de escala e escopo, beneficiando-se de fatores culturais, das políticas econômicas locais de incentivo à produção no setor, do transbordamento tecnológico de firmas previamente instaladas e através da estrutura de mercado ao concentrar a produção em um número restrito de locais para atender vários mercados. Para que se desenvolvam investimentos buscando eficiência, é fundamental o desenvolvimento de mercados transfronteiriços.

---

2 O Nafta foi criado em 1994 entre Estados Unidos, Canadá e México para promover o livre-comércio na região.

Dunning (1998) argumenta que uma das formas mais interessantes de aplicar sua análise é examinar as transformações que os Estados sofrem na expansão além de suas fronteiras, a partir da evolução do seu processo nacional de desenvolvimento. O mesmo autor ainda defende que a forma como se configuram as vantagens de internalização, localização e propriedade das empresas multinacionais que se instalam em um local e, também, as corporações nacionais que se internacionalizam passa por mudanças. Dunning (1998) ainda aponta que podem ser verificadas as condições que permitem essas transformações, o que caracteriza o denominado *caminho de desenvolvimento dos investimentos* (CDI).

O método do CDI demonstra as etapas que um país percorre em seu processo de desenvolvimento econômico. O primeiro estágio é o pré-industrial, momento no qual a economia é frágil e suas empresas não têm vantagens locacionais, bem como não recebe empresas estrangeiras por não oferecer atrativos de localização. Nos estágios posteriores, a maneira como se organizam as vantagens se altera à medida que o país adota políticas governamentais de incentivo, o que promove a atração de empresas multinacionais, especialmente em setores intensivos em uso de mão de obra. Em estágios subsequentes, quando a economia já alcançou sua maturidade, as vantagens se modificam a ponto de que o envio de empresas nacionais seja superior ao recebimento de investimentos externos. A internacionalização de empresas nacionais é considerada muito vantajosa, pois promove a recepção de lucros remetidos por elas e reduz a dependência em relação a outras nacionalidades e do capital financeiro internacional.

A fase final do CDI ocorre quando se verifica um equilíbrio entre a entrada e a saída de investimentos externos diretos. Nesse momento, efetiva-se um grau de convergência entre o nível de desenvolvimento e a estrutura econômica do país. Observa-se ainda que as corporações se internacionalizam não apenas para se beneficiar das vantagens de propriedade, mas para adquirir outros ativos e explorar novos mercados. Segundo a teoria de Dunning (1998), o CDI é uma ferramenta analítica importante para examinar a evolução do investimento externo de países emergentes.

Figura 3.1 – Razões para a internacionalização e seleção de estratégias: formas de entrada e resultados

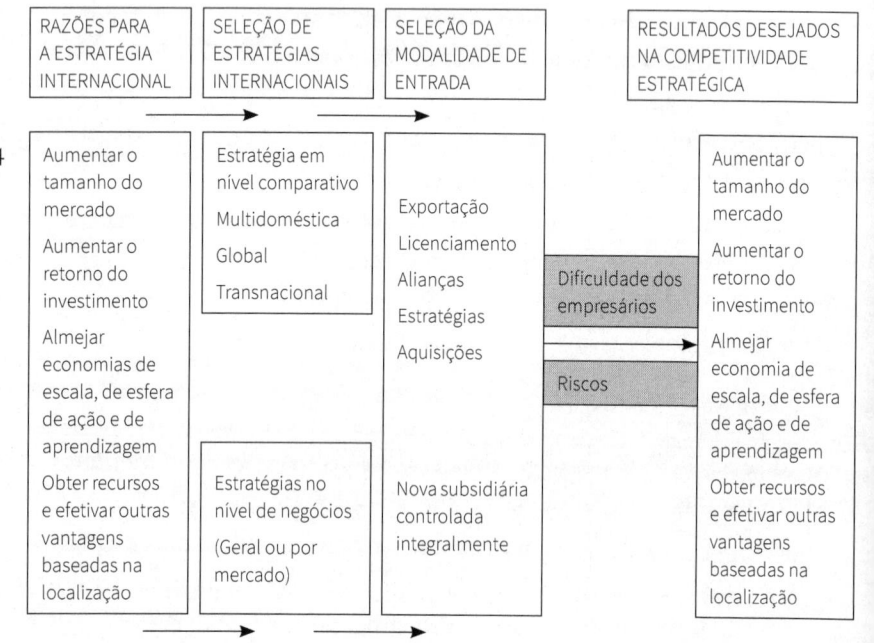

RAZÕES PARA A ESTRATÉGIA INTERNACIONAL	SELEÇÃO DE ESTRATÉGIAS INTERNACIONAIS	SELEÇÃO DA MODALIDADE DE ENTRADA		RESULTADOS DESEJADOS NA COMPETITIVIDADE ESTRATÉGICA
Aumentar o tamanho do mercado Aumentar o retorno do investimento Almejar economias de escala, de esfera de ação e de aprendizagem	Estratégia em nível comparativo Multidoméstica Global Transnacional	Exportação Licenciamento Alianças Estratégias Aquisições	Dificuldade dos empresários Riscos	Aumentar o tamanho do mercado Aumentar o retorno do investimento Almejar economia de escala, de esfera de ação e de aprendizagem
Obter recursos e efetivar outras vantagens baseadas na localização	Estratégias no nível de negócios (Geral ou por mercado)	Nova subsidiária controlada integralmente		Obter recursos e efetivar outras vantagens baseadas na localização

Fonte: Dunning, 1998, p. 22, tradução nossa.

Na Figura 3.1, observamos as razões ou motivações apresentadas por Dunning para a internacionalização, com a seleção de estratégias, as formas de entrada no mercado externo (que foram estudadas no Capítulo 2) e os resultados almejados pelos investidores. Constatamos, ainda, que todas as razões podem conduzir ao estabelecimento de uma nova subsidiária (filial) controlada integralmente (investimento externo direto), mas que algumas das razões podem levar a outras modalidades, como exportações, licenciamento, alianças estratégicas e aquisições.

3.2 Teorias comportamentalistas da internacionalização

As teorias comportamentalistas da internacionalização, ou teorias psicológicas da inserção internacional, buscam identificar comportamentos que explicam por que e como as empresas se inserem no mercado externo. Observe o Quadro 3.3, que apresenta diferentes abordagens sobre essa temática.

Quadro 3.3 – Abordagens teóricas da internacionalização: corrente comportamental

Perspectiva teórica	Características
Modelo de internacionalização da Escola de Uppsala	A análise se concentra no processo gradual de aquisição de conhecimento sobre o mercado externo. Parte do princípio de que a empresa se internacionaliza primeiro em países em que a distância psíquica é menor em relação ao mercado doméstico. As firmas passam por estágios em que, gradualmente, comprometem mais recursos com o mercado externo.
Perspectiva de redes	As redes em que as firmas se inserem são importantes para explicar o processo de inserção internacional. A perspectiva de redes tem pressupostos semelhantes aos da teoria de Uppsala, contudo prevê que as escolhas de internacionalização são afetadas pelas relações entre os agentes da rede (mercado).
Visão da empresa internacional (*International Enterpreneurship View*)	Essa visão argumenta que as empresas, desde sua criação, já planejam a inserção internacional. Desse modo, essa abordagem explica a internacionalização da firma desde seu surgimento e o foco da análise recai sobre o tomador de decisão.

Fonte: Dalla Costa; Santos, 2011.

Na Figura 3.2, indicamos os questionamentos iniciais da empresa na internacionalização.

Figura 3.2 – Cinco questionamentos a respeito do processo de internacionalização

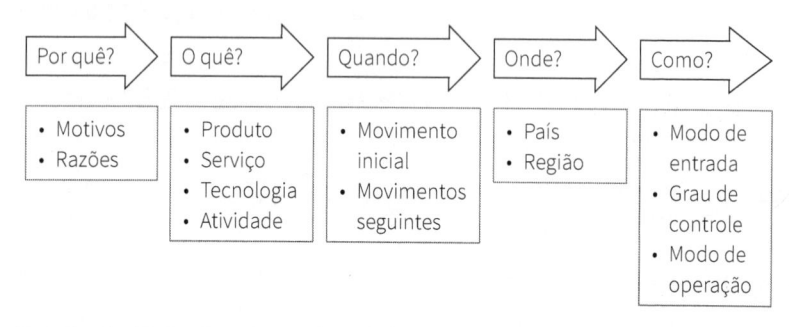

Por quê?	O quê?	Quando?	Onde?	Como?
• Motivos • Razões	• Produto • Serviço • Tecnologia • Atividade	• Movimento inicial • Movimentos seguintes	• País • Região	• Modo de entrada • Grau de controle • Modo de operação

Fonte: Carneiro; Dib; Hemais, 2005, p. 5, tradução nossa.

As questões levantadas pela abordagem comportamental a respeito da internacionalização são cinco:

1. O primeiro questionamento refere-se aos motivos pelos quais a empresa busca a inserção no mercado externo, ou seja: O que a empresa elencou para se internacionalizar?
2. O segundo ponto refere-se ao que a firma adotará no mercado externo em termos de ativos, isto é: Quais produtos, serviços e tecnologia a empresa vai utilizar?
3. A terceira questão é: Qual o momento correto para iniciar o processo de inserção externa e quais são os passos seguintes?
4. A quarta questão é: Onde a firma deve atuar, em quais países e regiões?
5. Por último, a corporação deve se questionar como o processo deve ser realizado, ou seja: Quais serão os modos de entrada e de operação e o grau de controle do mercado?

Escola de Uppsala

A Escola de Uppsala, reconhecida hoje como *Escola Nórdica de Negócios Internacionais*, formulada na Suécia, foi um centro pioneiro na análise comportamentalista da internacionalização de empresas. Essa escola desenvolveu estudos na década de 1970 sobre o processo de internacionalização das empresas suecas. Essas pesquisas foram difundidas em outras áreas, pois caracterizavam o fenômeno da internacionalização das empresas a nível global. A principal influência da Escola Nórdica de Uppsala no estudo das empresas é a investigação, além de elementos essencialmente econômicos, da teoria do Comportamento Organizacional (Hilal; Hemais, 2003).

Nos anos 1970, estudiosos suecos (Hörnell; Vahlne; Wiedersheim-Paul, 1973; Johanson; Wiedersheim-Paul, 1975; Johanson; Vahlne, 1977) passaram a investigar o processo de internacionalização de empresas nacionais e como estas atuavam no processo de internacionalização.

Esses estudiosos analisaram os padrões de internacionalização das empresas suecas, as quais iniciavam suas atividades no mercado externo em países mais próximos e, gradualmente, ampliavam o escopo de expansão. Ademais, as empresas normalmente recorriam às exportações e apenas raramente estabeleciam filiais. O IED ocorria apenas muitos anos após o início das exportações para o país (Hilal; Hemais, 2003).

No modelo dessa escola, cuja análise associa duas correntes, a do comportamento da firma, de Cyert e March (1963), e a teoria do crescimento da firma, de Penrose (1959), "a internacionalização da firma é vista como um processo no qual o envolvimento internacional é gradual. A interação entre a aquisição de conhecimentos sobre os mercados externos por um lado e o crescente comprometimento de recursos nesses mercados de outro ditam a evolução do processo" (Macadar, 2009, p. 9-10). Para esses teóricos, a empresa multinacional é entendida como uma "organização caracterizada por processos cumulativos de aprendizagem e que apresenta uma complexa estrutura de recursos, competências e influências" (Hilal; Hemais, 2003, p. 110).

Um dos argumentos centrais da Escola de Uppsala é que a internacionalização da empresa é resultado de seu crescimento, o que pode ser produto das exportações ou dos investimentos externos diretos (Carlson, 1975). Nesse sentido, uma vez que o mercado doméstico não oferece mais oportunidades de lucro, impossibilitando a expansão da empresa, deve-se partir para novos locais, para garantir a ampliação. Normalmente, os gestores da empresa buscam localidades com estruturas semelhantes à do local de origem da organização, e a estratégia mais comumente adotada é a expansão geográfica, o que culmina no processo de internacionalização. Assim, ele não é compreendido como uma "Sequência de passos planejados e deliberados, baseados em uma análise racional, mas como uma sequência de passos de natureza incremental, visando a se beneficiar da aprendizagem sucessiva por meio de etapas de comprometimento crescente com os mercados estrangeiros" (Hilal, Hemais, 2003, p. 111).

Essas etapas de expansão começam com um envolvimento suave, normalmente por meio de exportações, quando se observa a possibilidade de aquisição de conhecimento a respeito do novo mercado. Posteriormente, o contato é aprofundado, quando se observa um maior acesso a informações e ao conhecimento da nova localidade, culminando em um grau mais elevado de envolvimento, que é a consolidação de empresas subsidiárias em outro país. Na sequência, busca-se o ingresso em locais diferentes em termos de estrutura, com base na experiência adquirida no mercado externo.

Outro argumento fundamental da teoria é que o conhecimento do mercado é conquistado por meio da experiência no setor, o que diminui a incerteza das operações. Para essa Escola, as atividades em outro país relacionam-se a transcender novas fronteiras, o que implica maior nível de incerteza, pois pode haver o não conhecimento das características das operações locais e das barreiras. Segundo os teóricos de Uppsala, a incerteza está associada à distância psíquica. Isso significa que, quanto maiores as diferenças entre o país da matriz e a nação de destino do investimento (com relação às esferas de educação, idioma, cultura, desenvolvimento, regime político), maiores serão as dificuldades experimentadas.

Os autores Johanson e Wideersheim-Paul (1975, citados por Dalla Costa, 2011) estudam dois modos de inserção internacional possíveis das empresas:

1. O envolvimento da firma com as atividades no exterior se expande, iniciando com as exportações e partindo para a produção no local. O comportamento da corporação se modifica à medida que a firma utiliza mais insumos para atingir a aprendizagem e reduzir a incerteza em razão das informações que detém sobre o mercado (Hilal; Hemais, 2003).
2. Refere-se a empresas que ingressam em novos mercados com uma distância psíquica maior que a "soma de fatores que interferem na corrente de informações entre a firma e o mercado" (Johanson; Vahlne, 1977, p. 204). Essa distância é revelada por meio das distinções linguísticas, culturais, educacionais, de sistemas políticos e práticas organizacionais, assim como vínculos entre o país originário da empresa e o mercado estrangeiro. Portanto, as firmas optam por entrar em mercados com características mais semelhantes ao da empresa original.

Escritos posteriores passaram a considerar o tamanho do mercado como relevante para o processo de inserção internacional da empresa. Assim, esses teóricos defendem que o modelo não pode ser aplicado à análise de companhias que atuam em mercados muito internacionalizados, porque as forças de concorrência seriam entendidas como a razão para a internacionalização, mais do que a distância psíquica.

Na mesma linha, Johanson e Mattson (1988) argumentam que esse modelo é menos eficiente para explicar mercados altamente internacionalizados. Essas descobertas foram observadas na análise de caso de outros países, demonstrando não ser apenas um padrão sueco, mas geral. Desse modo, o processo evolucionário é o mais observado em casos concretos, embora existam outros elementos relevantes para explicar o fenômeno, como as características específicas da firma.

Os dois aspectos considerados pelo modelo de Uppsala são a cadeia de estabelecimento e a distância psíquica. O primeiro é baseado em quatro estágios, que oferecem a perspectiva do compromisso gradual da firma e fornecem experiências diversas e conhecimento sobre o mercado internacional às corporações (Muniz, 2004). Segundo Johanson et al. (2002, citados por Muniz, 2004), existe um vínculo relevante entre o primeiro e os últimos estágios, pois, a cada nova etapa, a organização adquire mais conhecimento e mantém o anterior.

Os quatro estágios são (Johanson; Wiedersheim-Paul, 1975, citados por Muniz, 2004):

1. Ausência de atividade de exportação;
2. Exportação via representantes independentes (agentes);
3. Exportações via subsidiárias;
4. Produção no exterior.

Figura 3.3 – Cadeia de estabelecimento

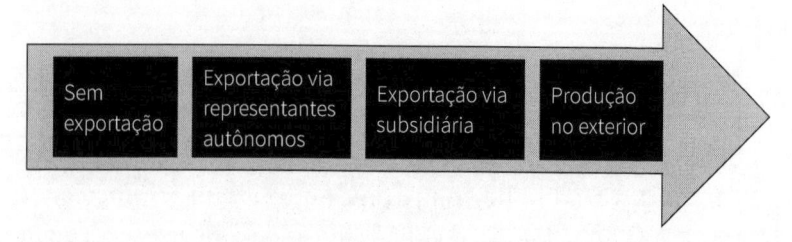

Sem exportação → Exportação via representantes autônomos → Exportação via subsidiária → Produção no exterior

Fonte: Muniz, 2004, p. 29, tradução nossa.

Primeiramente, uma organização não tem qualquer envolvimento internacional, ou seja, não se comunica com o mercado externo (sem exportação). Na segunda etapa, a empresa estabelece seus contatos iniciais com o mercado estrangeiro, ao exportar por meio da figura de um agente. Nesse momento, a firma estabelece um fluxo de comunicação com o novo mercado. No terceiro estágio, passa a ter um maior controle sobre a atividade no exterior ao estabelecer subsidiárias. Nessa etapa, adquire experiência e conhecimento sobre o mercado e os fatores que afetam o rendimento. No quarto e último estágio, a empresa se engaja no mercado externo, comprometendo mais recursos (Muniz, 2004). Vale ressaltar que existe a possibilidade de a empresa saltar etapas no processo de internacionalização.

Com relação à distância psíquica, a teoria de Uppsala prevê que os países se movem em direção à internacionalização por meio dos mercados, aumentando a distância psíquica. Assim, a empresa inicia sua atividade internacional em países com uma distância psíquica menor e passa a se inserir em países com maior distância no decorrer do tempo. Ou seja, a empresa se internacionaliza inicialmente em países com níveis de desenvolvimento similares ou com cultura e idiomas semelhantes, porém, gradualmente, passa a ingressar em países mais diferenciados culturalmente. Isso aumenta a experiência da empresa e o conhecimento do mercado, bem como contribui para o processo de aprendizado, os quais são elementos relevantes para a inserção internacional da firma (Muniz, 2004).

Segundo Muniz (2004), é possível combinar a análise das cadeias de estabelecimento com a da distância psíquica, processo que pode ser mais bem visualizado na Figura 3.4. De acordo com Johanson e Wiedersheim-Paul (1975), durante o tempo que a empresa passa pelos quatro estágios da cadeira de estabelecimento, existe uma expansão para outros mercados com distância psíquica maior, aumentando a quantidade de países em que a empresa atua.

Figura 3.4 – Cadeia de estabelecimento e distância psíquica: formas de estabelecimento externo

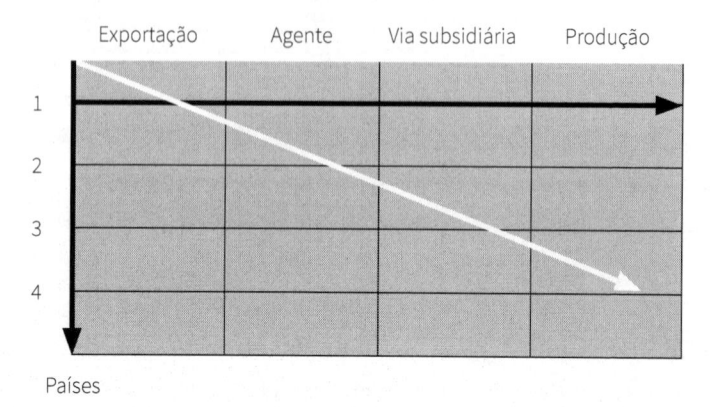

	Exportação	Agente	Via subsidiária	Produção
1				
2				
3				
4				

Países

Fonte: Muniz, 2004, p. 31, tradução nossa.

Ainda segundo a escola de Uppsala, existem dois mecanismos de internacionalização: as circunstâncias e as mudanças comportamentais.

Os aspectos de circunstância são conhecimento do mercado externo e comprometimento com este. Já as mudanças de comportamento do tomador de decisão referem-se ao comprometimento com as decisões e com as atividades correntes.

O mecanismo de circunstâncias é relevante porque mostra o percurso percorrido pela empresa em sua inserção internacional, já que envolve os recursos que foram utilizados no processo. O comprometimento com o mercado estrangeiro diz respeito à utilização de recursos financeiros, humanos e tecnológicos. Assim, relaciona-se aos recursos dispendidos com a atividade da empresa no novo mercado.

O segundo mecanismo, o das mudanças comportamentais, vincula-se às decisões tomadas pela empresa que levaram à utilização dos recursos no processo de inserção externa. As atividades correntes de uma companhia são a experiência e o comprometimento no processo de internacionalização. Por sua vez, o outro aspecto, do comprometimento das decisões, refere-se às oportunidades de escolha feitas pela empresa (entendidas como oportunidades de negócios), bem como ao modo pelo qual as decisões são tomadas.

No que tange à inter-relação entre os dois mecanismos, podemos dizer que as condições da internacionalização, conforme Muniz (2004), afetam a maneira como as oportunidades e os riscos são vistos pela firma, o que acaba por influenciar as alterações de comportamento, conforme podemos verificar na Figura 3.5.

Figura 3.5 – Mecanismos básicos para internacionalização da empresa

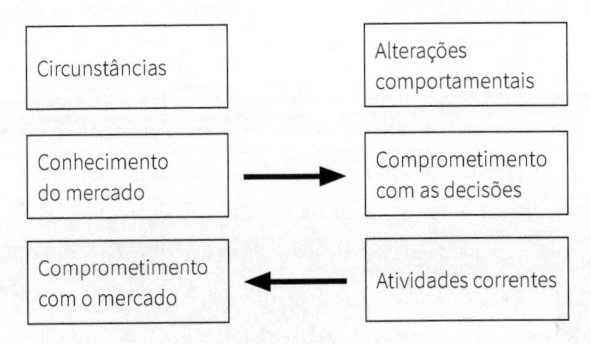

Circunstâncias	Alterações comportamentais
Conhecimento do mercado	→ Comprometimento com as decisões
Comprometimento com o mercado	← Atividades correntes

Fonte: Elaborado com base em Dalla Costa; Santos, 2011, p. 9.

Um dos impactos mais centrais da abordagem de Uppsala é que os estudos de empresas passam a ser entendidos por aspectos não meramente econômicos, mas também pela visão da Teoria do Comportamento Organizacional.

Com relação às críticas, essa escola é vista como excessivamente determinista, estabelecendo que as empresas avançarão sempre para novos patamares de internacionalização, o que nem sempre ocorre. Os criadores da teoria apontam que não se pode estimar o tempo desde a exportação até a concretização do investimento externo direto. Para Macadar (2009, p. 11), "para justificar as discrepâncias, os formuladores do modelo alegam que não é possível determinar um tempo padrão entre o início da exportação e a realização do investimento no exterior".

Modelo de redes

A Escola nórdica de negócios internacionais, conhecida também como *modelo de redes*, surgiu posteriormente à Escola de Uppsala e tinha como objetivo preencher as lacunas deixadas pela escola anterior. A diferença desse modelo em relação àquele é que ele não foca na empresa individual. Johanson e Vahlne (1990) inseriram um novo aspecto em seus estudos: a questão das redes. Essa perspectiva tem sido utilizada nos anos 2000 como uma abordagem complementar à da Escola de Uppsala.

Segundo Johanson e Vahlne (1990), as empresas estabelecem relações de longa duração com seus parceiros de negócios, assim como os consumidores e fornecedores, que têm significado estratégico para a ela. Assim, a criação de uma rede é um instrumento central para o surgimento desses relacionamentos e impacta as decisões de inserção internacional das companhias.

As corporações se envolvem no sistema industrial, o qual é formado por operações como as de produção e distribuição. Esse sistema pode ser entendido como um tipo de rede que tem certa estabilidade e cujas empresas realizam atividades que têm impacto sobre ela. A estrutura é complexa, impedindo que um membro externo tenha dimensão completa de sua organização (Johanson; Vahlne, 1990).

Segundo essa visão, a inserção internacional de uma empresa pode ser considerada como produto do envolvimento de outras organizações, como os consumidores ou fornecedores, que incentivam a participação da corporação em outro mercado. Segundo Welch e Luostarinen (1999), várias decisões da empresa podem ser entendidas como de rede.

Ainda de acordo com a teoria de redes, para que a empresa tenha sucesso na empreitada internacional, ela deve participar de uma rede eficaz. O grau de internacionalização da firma interfere nas possibilidades de ela se estabelecer em mercados estrangeiros, em função dos contatos que estabelece.

Johanson e Mattson (1988) apresentam quatro situações de internacionalização baseados no grau de envolvimento do mercado e da empresa com o setor externo, como mostra a Figura 3.6.

Figura 3.6 – Grau de internacionalização do mercado

	Grau de internacionalização do mercado	
	Baixo	Alto
Grau de internacionalização da firma — Baixo	Iniciante precoce	Iniciante tardio
Grau de internacionalização da firma — Alto	Internacionalizado solitário	Internacionalizado entre outros

Fonte: Elaborado com base em Muniz, 2004, p. 39, tradução nossa.

No estágio de "iniciante precoce", nenhuma das empresas da rede tem ação internacional ou comprometimento internacional. Ela não tem conhecimento sobre o mercado externo, tampouco seus contatos o têm. As empresas que fazem parte desse grupo podem ser denominadas *pioneiras* quando iniciam sua internacionalização, pois têm de aprender sozinhas e transferir seu conhecimento adquirido sobre mercado externo posteriormente. Nesse estágio, envolvem-se gradualmente com o mercado externo, pela falta de conhecimento.

Para os "iniciantes tardios", o grau de internacionalização do mercado que ocupam é alto. Essa empresa não tem experiência internacional, ao contrário de seus competidores e fornecedores que podem já ter iniciado atividades externas. Nessa categoria, existem algumas desvantagens para a empresa, sobretudo relacionadas à baixa capacidade de competir com concorrentes já fixados no mercado externo. Nesse sentido, o processo de aprendizagem, a partir do qual essa firma emula o conhecimento adquirido pelas outras é importante, pois a companhia que está atrasada pode usar seus contatos da rede para desenvolver o próprio processo.

Uma empresa na categoria de "internacionalizada entre os outros" atua internacionalmente e está inserida em um mercado internacionalizado, e um movimento no sentido de expansão da internacionalização feito por ela terá efeitos marginais na extensão internacional da rede. Contudo, como a maior parte dos membros dessa rede já tem conhecimento internacional, a coordenação se torna central, o que contribui para a formação de uma base para além das fronteiras. Essa categoria permite o surgimento de um oligopólio no qual as empresas aprendem com as outras e as copiam.

Por fim, o "internacionalizado solitário" tem uma elevada atuação no mercado externo, porém pretende alcançar um mercado com baixa internacionalização. Essa empresa conta com benefícios em relação às demais, em razão da experiência adquirida sobre o mercado externo. Essa posição pode ser vantajosa e pode coordenar trabalho e recursos entre os diferentes mercados de redes e transferir seus conhecimentos entre as fronteiras.

Abordagem International Enterpreunership View

Alguns autores passaram a desenvolver teorias que buscavam entender o comportamento internacional das empresas, supondo que elas são inerentemente empreendedoras, chamadas de *Born Globals*. McDougall e Oviatt (2000) salientam a necessidade de posicionar internacionalmente empreendedoras como um campo distinto para a análise dos negócios internacionais. Essa escola tem como foco os fatores que permitem a internacionalização, ao contrário das demais, que analisam os aspectos que limitam a atuação internacional (Tolstoy, 2010).

As pesquisas focam especialmente nas qualidades empreendedoras para entender como competem no mercado externo. Hoje, esse campo de estudos é reconhecido e tem garantido uma convergência no entendimento na área. Os teóricos argumentam que as empresas empreendedoras internacionais detêm, em sua natureza, a capacidade de inovar e de ter uma atuação arrojada (Tolstoy, 2010).

O que diferencia as organizações empreendedoras internacionais das demais é que a procura por oportunidades além das fronteiras está vinculada aos desafios associados à entrada em território estrangeiro. Essa teoria pressupõe que essas companhias têm predisposição a assumir riscos (Tolstoy, 2010).

Estudo de caso

Internacionalização da empresa eBay

A eBay atua fornecendo um serviço para compra em todo o mundo, e os servidores estão localizados em sua sede nos Estados Unidos. Assim, a partir de uma perspectiva técnica, não há necessidade de estabelecer filiais no exterior para conduzir suas atividades no mercado externo. Contudo, os ganhos com as operações no resto do mundo são elevados e as receitas no exterior já respondem por mais de 40% do orçamento da empresa.

Desse modo, a estratégia para abrir subsidiárias em outros países baseia-se em análises de *marketing*, além da demanda de governos que exigem o estabelecimento de empresas para operação em seus países.

Os cidadãos locais são considerados mais aptos para saber como a estrutura do *site* deve ser, com o objetivo de atrair mais consumidores. A tarefa de aproximar compradores e vendedores justifica uma organização descentralizada, especialmente para compreensão das questões culturais e para o desenvolvimento de *sites* no idioma local, bem como o suporte ao cliente, que deve ser feito na língua dos consumidores.

Portanto, a empresa aumentou sua participação externa com a finalidade de oferecer um serviço mais adaptado às realidades locais, o que se relaciona às ideias de distância psíquica, de redução de riscos e de busca por ativos e recursos, propostas pelas teorias de internacionalização estudadas. Assim, as filiais no exterior não são fábricas ou repositórios de equipamentos de alta tecnologia. Em vez disso, as subsidiárias contam com trabalhadores que atuam no *marketing*, sendo contratados localmente. Essa equipe é composta por um gerente no país, uma equipe de *marketing*, bem como por especialistas financeiros e advogados. Desse modo, a estratégia da empresa para o exterior é contratar pessoas competentes e dar a elas a responsabilidade para atender às necessidades dos clientes e aumentar as receitas, fornecendo os recursos demandados por esses trabalhadores.

Síntese

Neste capítulo, identificamos as diferentes correntes que explicam a internacionalização das empresas, a fim de fornecer ferramentas teóricas para a compreensão do fenômeno e para a aplicação das teorias aprendidas aqui em casos concretos de atuação das empresas transnacionais.

As teorias de internacionalização são divididas em dois grupos: de abordagem econômica e de perspectiva comportamental. A corrente econômica inclui as teorias do poder de mercado, de internalização, de ciclo do produto e, por fim, a mais reconhecida: o paradigma eclético de Dunning. Embora tenham diferenças significativas, todas as teorias estabelecem variáveis econômicas como centrais para explicar como ocorre a internacionalização das empresas, a exemplo da visão de Durning (1992), que estabelece que elas utilizam de suas vantagens de propriedade, de internalização e de localização para a inserção entre economias estrangeiras.

Por sua vez, as teorias comportamentais são: a Escola de Uppsala, o modelo de redes e a abordagem empresarial internacional. A primeira escola, a mais utilizada para explicar os fenômenos, tem como foco o processo de aquisição de conhecimento a respeito do mercado interno, partindo da ideia de que a empresa se insere no exterior em Estados cuja distância psíquica em comparação com o mercado nacional é menor.

No modelo de redes, a entrada no exterior de uma corporação é resultado do contato com outras empresas e outros agentes do mercado. Segundo essa perspectiva, para que uma organização tenha êxito na inserção internacional, ela deve se envolver em uma rede com eficácia. Para a abordagem da empresa internacional, o que distingue as empresas empreendedoras das menos empreendedoras é a busca por oportunidades em outros países, que está vinculada à predisposição em assumir riscos.

Questões para revisão

1. Apresente as teorias econômicas da internacionalização indicando os pressupostos centrais de cada abordagem.

2. Exponha as teorias comportamentais da internacionalização apresentando os elementos centrais de cada perspectiva.

3. Sobre o Paradigma Eclético de Dunning (1998), analise as afirmativas a seguir.

    I. Esse paradigma determina que, quando uma empresa entra no mercado internacional, tem o objetivo de atingir as seguintes vantagens competitivas: vantagens de mercado, vantagens de propriedade e vantagens de localização.

II. Dunning (1998) argumenta que as vantagens competitivas de uma empresa são: de propriedade, que se relacionam a posse de uma tecnologia; de internalização, que estão associadas ao benefício atingido após a análise de que a inserção é mais vantajosa que os contratos de *leasing*; e vantagens de localização, que se vinculam ao possível acesso à mão de obra barata e insumos e/ou isenções fiscais.

III. As razões para a internacionalização de uma empresa são: busca por insumos ou recursos; acesso a mercados para expandir o número de consumidores; aumento das capacidades ou ativos estratégicos e obtenção de ganhos de eficiência ou economias de escala.

IV. Dunning (1998) defende que a inserção internacional das empesas sofre alterações com base em um processo evolutivo denominado *caminho de desenvolvimento dos investimentos* (CDI), o qual indica os estágios pelos quais um país passa em seu processo de desenvolvimento econômico.

A respeito das afirmativas expostas, assinale a alternativa correta:

a. I e III são verdadeiras.
b. II, III e IV são verdadeiras.
c. I, III e IV são verdadeiras.
d. II e III e são verdadeiras.
e. Todas são verdadeiras.

4. A respeito da Escola de Uppsala, analise as afirmativas a seguir e indique V para as verdadeiras e F para as falsas.
   ( ) Para essa escola, que trata da internacionalização de empresas suecas, a internacionalização não ocorre de maneira gradual, mas sim com base em uma estratégia

agressiva das empresas com potencial maior para a internacionalização.

( ) Essa abordagem verifica duas formas de inserção internacional das empresas. Na primeira, o envolvimento da empresa com as atividades no exterior se expande gradativamente, iniciando com as exportações e partindo para a produção no local. Na segunda, as firmas entram em mercados com características mais semelhantes às da empresa original.

( ) Os dois elementos considerados pelo modelo de Uppsala são a cadeia de estabelecimento e a distância psíquica. A cadeia de estabelecimento baseia-se em um compromisso gradual da empresa, passando por quatro estágios de atividades: i) exportação por meio de representantes; ii) acordos de licença (*joint ventures*); iii) exportação por meio de filiais; e iv) estabelecimento de filiais no exterior.

( ) São dois os mecanismos de internacionalização da empresa: as circunstâncias, que estão vinculadas ao conhecimento e ao comprometimento com o mercado externo, e as alterações comportamentais, as quais se referem ao comprometimento com as decisões e às atividades correntes.

Agora, assinale a alternativa que corresponde à sequência correta:

a. V, F, V, V.
b. F, F, V, V.
c. V, F, F, V.
d. F, V, F, V.
e. F, F, F, V.

5. Assinale a alternativa correta sobre as teorias comportamentais da internacionalização de firmas:

a. A Escola Nórdica de negócios, conhecida como *modelo de redes*, foi a corrente na qual se baseou a Escola de Uppsala. A diferença dessa escola é que ela não foca na empresa individual, e o modelo de redes sim.
b. Para a teoria de redes, as empresas definem relações de longa duração com seus parceiros de negócios, as quais são estratégicas para a corporação. Desse modo, a criação de uma rede tem impacto nas decisões de inserção internacional.
c. O modelo de redes apresenta quatro situações de internacionalização baseados no grau de envolvimento da empresa com as redes, podendo a firma ser um iniciante atrasado, um iniciante avançado, um internacionalizado competitivo ou um internacionalizado não competitivo.
d. A abordagem International Enterpreunership View dá ênfase aos aspectos que restringem a atuação internacional de empresas, e as demais escolas focam nos fatores que possibilitam a internacionalização.
e. Todas as afirmativas são falsas.

Questões para reflexão

1. Apresente a inserção internacional de uma empresa à sua escolha, que pode ser explicada pelos pressupostos teóricos da corrente econômica da internacionalização.

2. Eleja uma empresa multinacional à sua escolha e aplique os pressupostos teóricos da escola comportamental ou psicológica da internacionalização.

Para saber mais

MUNIZ, B. The **Internalization Process of a Brazilian Company**: a Study of the Uppsala and the Network Models Applied to a Brazilian Company. 96 l. Thesis (Master in Business Administration) – Linkoping Universty, 2004.

Essa tese apresenta as teorias comportamentais e econômicas da internacionalização de maneira clara e completa. Além disso, aplica os fundamentos teóricos em casos concretos, explicando o processo de internacionalização das empresas brasileiras.

DUNNING, J. H. The Eclectic Paradigm of International Production: a Personal Perspective. In: PITELIS, C. N.; SUGDEN, R. (Ed.). **The Nature of Transnational Firm**. London: Routledge, 1991. p.117-136.

Essa obra é fundamental para compreender a teoria eclética de Dunning, considerada um dos paradigmas mais centrais para explicação do fenômeno da internacionalização de empresas. Fornece substrato para entender o processo de internacionalização de modo geral.

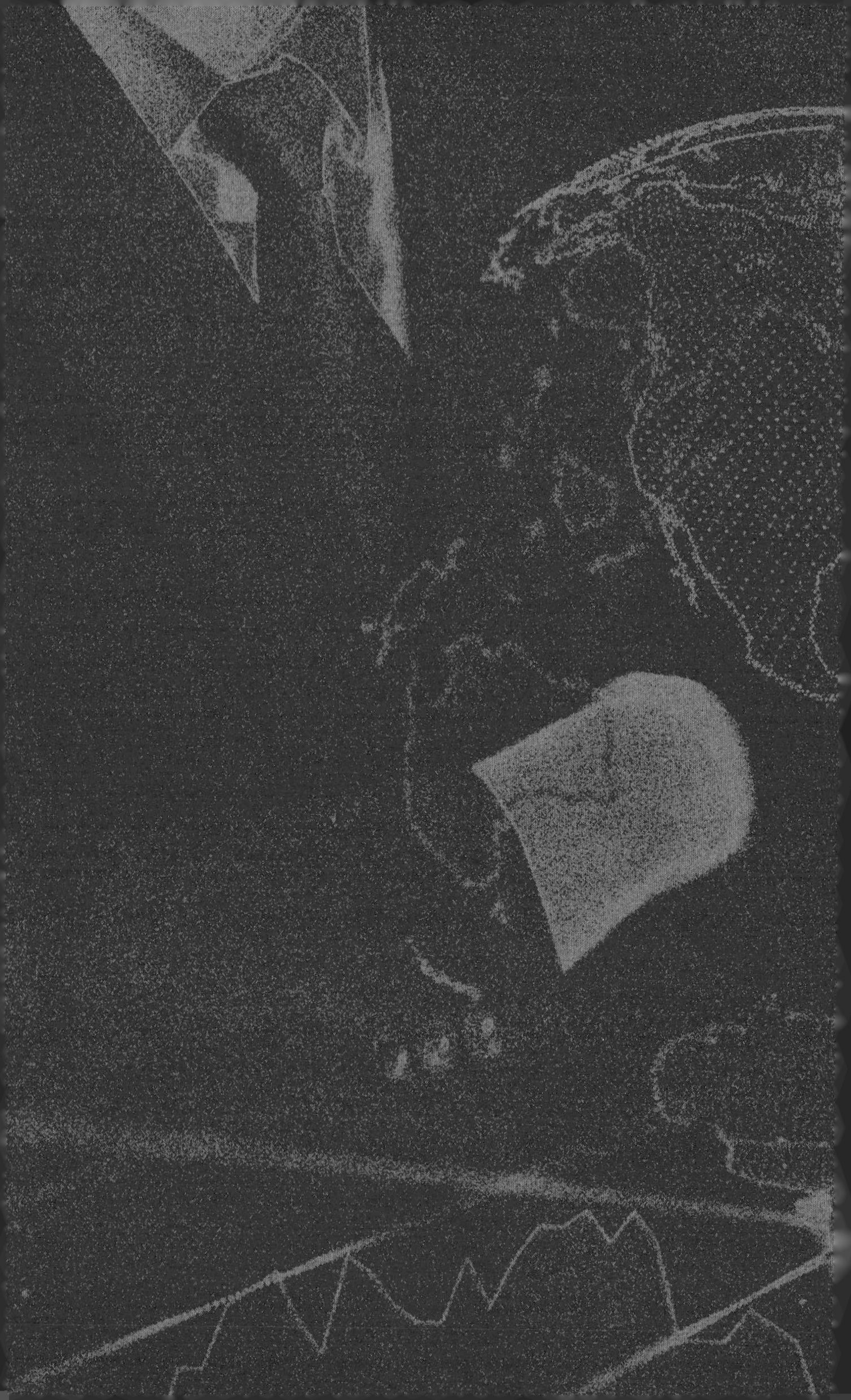

capítulo quatro

Estratégias das empresas multinacionais e transnacionais

Conteúdos do capítulo

- Estratégias de gestão das empresas e funções das subsidiárias.
- Impactos econômicos, sociais e culturais das empresas transnacionais.
- Negociando com culturas diferentes.
- Onde as empresas investem e onde não investem.

Após o estudo deste capítulo, você será capaz de:

1. verificar as estratégias das empresas e de suas filiais no exterior;
2. compreender os efeitos das multinacionais nos países receptores, em termos sociais, culturais e econômicos;
3. conhecer as diversas formas de se negociar com empresas de culturas diferentes;
4. desvendar em quais países as empresas multinacionais mais investem e em quais investem menos.

O modelo estratégico transnacional foi desenvolvido nos anos 1990 para analisar não apenas a lógica da competitividade das multinacionais, relacionada ao acesso à matéria-prima e à mão de obra com menor custo, mas também para absorver o conhecimento das unidades e trazer inovação para as diversas áreas das empresas. Para os gestores de empresas multinacionais, a transnacionalidade é vista como uma estratégia, uma vez que é a mais eficaz, contudo de alto custo. Assim, essa estratégia significa mais do que atingir uma etapa de corporação transnacional. Vai além disso, representando um grande desafio, pois inclui todas as perspectivas: de empresa multidoméstica, global e internacional, alcançando uma rede distinta, com as filiais, e contribuindo de maneira integrada.

Neste capítulo, analisaremos as diferentes estratégias de atuação das empresas no mercado externo, bem como os impactos econômicos, culturais e sociais em países que recebem essas corporações. Ainda, investigaremos as formas variadas de negociar em localidades diferentes, respeitando e conhecendo a cultura de cada povo. Por fim, identificaremos os Estados priorizados e os preteridos pelas corporações multinacionais, apontando quais são as variáveis analisadas na decisão das empresas de onde investir.

4.1 *Estratégias de gestão das empresas e as funções das subsidiárias*

Segundo a Unctad (2000), as empresas transnacionais têm estratégias de gestão variadas. Em Estados com elevadas barreiras ao comércio, a **estratégia doméstica** se revela a mais adequada, pois se aproveita o potencial do mercado nacional sem objetivo de exportar. Nesse viés, a empresa apenas opta por explorar o mercado interno, sem realizar atividades internacionais.

Nos casos em que os países têm um mercado mais acessível e aberto, opta-se pela estratégia de **integração simples**. Nessa situação, a cooperação entre a multinacional e suas filiais pode garantir ganhos de eficiência e descentralizar operações centrais, como de pesquisa e desenvolvimento.

Existe ainda a estratégia de **integração complexa**, que é adotada em países mais abertos, com ampla concorrência. Nesse tipo de situação, a multinacional ingressa no mercado principalmente por meio de aquisições ou fusões, com o objetivo de adquirir uma posição mais competitiva em termos globais, além de participar em cadeias regionais de negócios e de inserir funções produtivas.

As pesquisas que tratam da gestão estratégica de atividades elaboram modelos que buscam auxiliar os gestores na definição das melhores estratégias para entrar em um mercado internacional e no controle das subsidiárias pela matriz.

Vale ressaltar que as relações de produção se tornaram mais complexas. Assim, é fundamental analisar de modo crítico as relações entre as matrizes e suas subsidiárias e as ligações destas com seus fornecedores e outros agentes envolvidos.

A multinacional deve adaptar sua organização às novas demandas apresentadas por suas filiais. No passado, a atividade das multinacionais relacionava-se a conseguir matéria-prima e mão de obra mais baratas. Nos dias de hoje, as filiais são fundamentais para auxiliar as empresas a alcançar mais recursos e capacidades e podem funcionar como espaço de geração de inovações. Assim, a realização de P&D nas subsidiárias compõe o fenômeno da globalização e ajuda no processo de inserção em novos mercados.

A partir da internacionalização das empresas, Shi (2003, citado por Vieira; Zilbovicius, 2007) defende que o sistema de produção é formado com base em quatro elementos:

1. cadeia de valor e suprimento;
2. intenção de assegurar vantagens competitivas;

3. internacionalização da produção, que é relacionada à ampliação geográfica e à integração com outras culturas;
4. alianças estratégias, vinculando a ideia de colaboração intrafirma e entre firmas e um processo de síntese, que se associa com a ideia de que os três pilares anteriores devem atuar de modo conjunto. (Vieira; Zilbovicius, 2007)

Um item relevante é verificar se as filiais atuam de modo autônomo em relação às matrizes ou se são dependentes desta. Conforme Tseng, Yu e Seetoo (2002), a filial não é somente uma parte da corporação, pois constitui relações no mercado local. Desse modo, é fundamental entender as relações entre os agentes internos (matriz e suas filiais) e entre estes e os externos (governo, rivais, fornecedores, consumidores).

Para Rezende (2006), a evolução da filial é impactada pelos relacionamentos que envolvem os atores internos e externos, bem como com filiais em outros países. Na Figura 4.1, é possível verificar as formas de relacionamento que interferem na evolução da subsidiária.

Figura 4.1 – Relacionamento entre matriz e subsidiárias

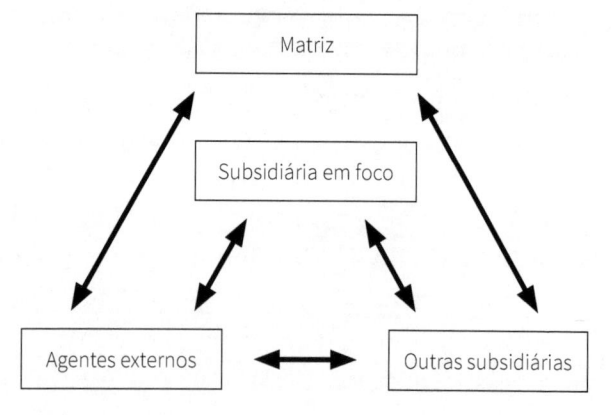

```
                    Matriz
                   ↗      ↖
                  ↙        ↘
            Subsidiária em foco
             ↙      ↕      ↘
    Agentes externos ←→ Outras subsidiárias
```

Fonte: Vieira; Zilbovicius, 2007, p. 6.

Para Rezende (2006), o processo de internacionalização pode significar independência, referindo-se à autonomia da subsidiária para executar suas operações, que podem ir além de seu espaço inicial de atuação ou interdependência. Esta última, por sua vez, está associada à condição da filial de contar com produtos e operações de outras filiais para aperfeiçoar suas atividades. A hierarquia estabelecida na Figura 4.1 não tem apenas um sentido, pode ser definida com outros agentes para as filiais e relaciona-se ao grau de autonomia da subsidiária. A respeito da função das subsidiárias, muitas empresas não definem estratégias claras para suas filiais, pois acreditam que isso representa custos elevados.

Khanna e Palepu (2006, tradução nossa) apontam que existem diferentes tipos de consumidores, tais como:

- global: têm preferência por bens semelhantes aos dos países mais desenvolvidos e pagariam o mesmo preço por essas mercadorias;
- glocal: desejam os bens produzidos nos países mais ricos e estão dispostos a pagar quase o mesmo preço, porém menos;
- local: demandam bens com qualidade, porém com preços mais acessíveis e semelhantes ao do mercado local;
- base-inferior: buscam o menor preço disponível.
- Assim, o que podemos concluir é que as estratégias adotadas nas filiais devem variar de acordo com o perfil dos consumidores do mercado das filiais.

4.2 *Impactos econômicos, sociais e culturais das empresas*

Segundo Pinheiro (2011, p. 4), as empresas multinacionais têm direitos e obrigações limitados, "relativos tão somente às atividades econômicas que exercem". Por outro lado, os Estados detêm "obrigações e responsabilidade internacional pelos atos e violações que praticam, relativamente às regras de direitos humanos, trabalhistas ou ambientais" (Pinheiro, 2011, p. 4).

Assim, ainda que possuam competências restritas às funções econômicas que desempenham, as multinacionais são sujeitos de direito internacional público, isto é, têm direitos e obrigações sociais e ambientais relacionados aos impactos de suas atividades sobre o bem-estar dos indivíduos. Como exportadoras ou como investidoras, as empresas ignoram suas atribuições constitucionais.

As corporações multinacionais afetam a qualidade de vida das regiões em que se inserem, impactando positiva ou negativamente nos Estados receptores. Essas organizações atuam em cadeias produtivas nos mais diversos setores, utilizando mão de obra e empregando uma quantidade elevada de trabalhadores, bem como empregando recursos ambientais.

Na busca por vantagens competitivas associadas a estratégias de larga escala, muitas empresas violam os padrões trabalhistas, ambientais e de direitos humanos mínimos. Esse aspecto fica mais evidente em países com instituições frágeis e sem monitoramento dos impactos das atividades.

Para Culpi (2014, p. 14),

> As nações mais avançadas realizaram suas revoluções industriais sem maiores preocupações sobre o impacto desses modelos de crescimento sobre os ecossistemas. Contudo, a partir da década de 1980, verifica-se um crescimento da percepção social dos efeitos do consumo sobre o meio ambiente, concretizadas nos Encontros ocorridos entre os países.

A Conferência das Nações Unidas sobre o Meio Ambiente e o Desenvolvimento, que ocorreu no Rio de Janeiro em 1992, foi a iniciativa de cooperação mais reconhecida. Nesse encontro, realizado com o objetivo de aproximar o pensamento dos Estados a respeito da crise ambiental, foram produzidos documentos, como a *Agenda 21*, que atribuem responsabilidade aos estilos de vida e ao consumo, especificamente dos Estados mais ricos, em razão da crise ambiental, o que deslocou o foco da análise sobre o meio ambiente da produção para o consumo (Souza, 1994; Culpi, 2014). A Agenda 21 estabeleceu "um novo paradigma sobre o meio ambiente, contribuindo para a gestão de políticas públicas dos Estados com vistas a criar um novo modelo de desenvolvimento em harmonia com a proteção do meio ambiente" (Culpi, 2014, p. 15). Além disso, foi dada autonomia aos Estados para implementar os compromissos da Agenda 21, que demonstrou a ineficácia das organizações internacionais em obrigá-los a respeitar os compromissos, na medida em que evitam transferir soberania às organizações internacionais (Queiroz, 2005; Culpi, 2014).

"O teórico Durning (1992) apresenta uma análise central ao criticar o padrão de consumo conspícuo da sociedade contemporânea que, para ele, é a responsável pelos efeitos negativos impostos ao meio ambiente" (Culpi, 2014, p.13). Podemos relacionar essa constatação aos ensinamentos de Veblen e Bourdieu sobre emulação, assim ela pode ser compreendida em um âmbito internacional, no qual as sociedades mais débeis reproduzem os padrões de consumo das mais ricas. Durning (1992, citado por Culpi, 2014, p. 14) indica "o papel do consumo na destruição dos ecossistemas, ao destacar que à medida que os indivíduos ascendem socialmente atingindo o *status* de consumidor, o seu impacto sobre o meio ambiente aumenta, tendo em conta que passam a consumir novidades".

Uma das descobertas mais significativas do texto de Durning (1992, citado por Culpi, 2014, p. 14) é de que "a influência do consumo tem afligido mais as regiões povoadas pelas classes mais baixas, em função de serem sedes de empresas multinacionais que na busca de custos de produção mais baixos, destroem o planeta e exaurem os recursos dessas nações menos favorecidas". Desse modo, os danos causados pelo padrão de consumo dos Estados desenvolvidos se propagam e assolam todo o mundo. No Brasil, por exemplo, o governo subsidia indústrias exportadoras e multinacionais, como as de ferro e do setor automobilístico, que são as principais responsáveis pela degradação do meio ambiente, consumindo cerca de 20% da eletricidade fornecida no país. Outro aspecto que coloca o Brasil e os demais países da América do Sul no centro da questão da poluição atmosférica é o aumento da demanda por *commodities* e outros bens que vêm dos trópicos, o que, em muitos casos, já se constituiu em mercados de comércio ilegal, como os de animais selvagens e drogas.

Quanto às perspectivas de redução da devastação, Durning (1992) destaca que, embora o uso de combustíveis fósseis tenha se estabilizado nos anos 1970, sobretudo em razão da volatilidade dos preços, seriam necessárias alterações em termos tecnológicos, o que exigiria que houvesse uma redução drástica no padrão de consumo da sociedade. Isso obviamente não é desejado pelas grandes empresas transnacionais, que teriam redução dos lucros (Culpi, 2014).

Strange (1996) constata que os padrões de consumo expandiram-se globalmente, colocando os consumidores e seus direitos no centro da análise sobre negociação social. A negociação social refere-se ao processo de barganha entre as diversas partes envolvidas na sociedade no que tange a temas que impactam toda a sociedade, como a proteção do meio ambiente ou os direitos humanos. Surgem cadeias de consumo de caráter transnacional, o que insere o consumidor como um ator político ativo nesse cenário. Para Bauman (2008), essa problemática está relacionada ao fato de que o consumo assume dimensões mais do que econômicas, mas simbólicas.

Com relação ao controle sobre as atividades das multinacionais, em 1970, a Organização das Nações Unidas (ONU) buscou administrar essa ação, mas, sem apoio, as negociações foram abandonadas em 1992. Em 1976, por sua vez, a Organização para a Cooperação e Desenvolvimento Econômico (OCDE) formulou diretrizes para a atuação das empresas multinacionais e, em 1977, a Organização Internacional do Trabalho (OIT) adotou a *Declaração Tripartite de Princípios Voltados para a Regulação da Atuação das Empresas Multinacionais*. Esses documentos sofreram revisões nos anos 2000 à luz da Declaração Universal dos Direitos Humanos. Contudo, tais documentos não têm poder vinculante, isto é, não obrigam as organizações a se adequarem às recomendações de redução da emissão de gases poluentes, entre outras, pela fragilidade do direito internacional (Culpi, 2014).

Existe um paradoxo entre a defesa do ecossistema e a elevação dos padrões de consumo, pois esta última compromete o meio ambiente: Assim, revela-se a urgência em compatibilizar o crescimento econômico com a sustentabilidade e as dificuldades em se conseguir comprometimento dos Estados e das grandes empresas em relação ao tema, o que motivou a elaboração de um relatório que buscou introduzir o conceito de sustentabilidade. O Relatório Brundtland – formulado em 1987, resultado do trabalho de uma equipe de especialistas criada pela ONU com o objetivo de desenvolver um balanço do desenvolvimento econômico e dos impactos socioambientais do mesmo – popularizou o conceito de sustentabilidade e atentou para a necessidade de definição de estratégias de longo prazo que combatessem as causas dos problemas ambientais. (Culpi, 2014, p. 15)

No que tange aos encontros internacionais a respeito da temática do desenvolvimento sustentável, o evento pioneiro foi a Conferência das Nações Unidas sobre o Meio Ambiente Humano, em Estocolmo, em 1972. Na ocasião, os Estados passaram a vincular a concepção de desenvolvimento aos direitos humanos e à garantia de uma vida digna (Souza, 1994). Na Conferência de Cocoyoc, em 1974, foi problematizado o papel dos Estados mais ricos na questão do meio ambiente. Ademais, foram discutidas as formas de utilização mais racional dos recursos naturais. A outra conferência reconhecida foi a Conferência das Nações Unidas sobre o Meio Ambiente e o Desenvolvimento, citada anteriormente (Culpi, 2014).

Em 2002, foi realizada a Cúpula Mundial sobre Desenvolvimento Sustentável, em Johanesburgo, que discutiu o papel exercido pelo consumo na degradação ambiental. As conclusões foram de que não se havia avançado conforme o esperado na temática, e isso foi atribuído à inexistência de políticas promotoras de consumo sustentável.

O Programa das Nações Unidas para o Meio Ambiente (Pnuma) apontou a necessidade de se realizar uma nova reunião, que levou ao caso de Marrakesh, de 2002, com o propósito de promover a utilização do conceito de produção e consumo sustentáveis (PCS).

Esse documento reivindica que os Estados da ONU desenvolvam planos de ações para incentivar padrões de produção e consumo sustentáveis. No Brasil, apenas em 2008 foi criado um Comitê Gestor Nacional de Produção e Consumo Sustentáveis, tendo o propósito de buscar padrões de consumo menos prejudiciais. Na última Conferência do Meio Ambiente da ONU realizada em 2012 no Rio de Janeiro, os documentos produzidos carecem de ações concretas e refletem a retórica dos Estados e a falta de compromisso com a redução das práticas de produção e consumo danosas ao meio ambiente. (Culpi, 2014, p. 16)

Assim, poucas foram as iniciativas concretas referentes ao controle das atividades das empresas multinacionais e seus impactos sobre o meio ambiente.

Em março de 2011, o representante especial do secretário-geral das Nações Unidas em 2011, John Ruggie concluiu um documento com diretrizes e princípios voltados para a implementação de um quadro denominado *Proteção, respeito e remediação* (que demorou oito anos para ser concluído), destinado aos Estados, referente à responsabilidade perante a promoção e a proteção dos direitos humanos (Pinheiro, 2011).

Segundo Pavan et al. (2013), a responsabilidade socioambiental (RSA) se tornou parte do planejamento estratégico de muitas empresas, que tentam compatibilizar lucratividade com práticas que reduzam os impactos socioambientais de suas operações. Nesse sentido, a percepção de que se pode obter vantagens pelas práticas de RSA é central para incentivar as empresas a praticarem ações mais responsáveis. Isso contribui para criar certos valores universais comuns de proteção ambiental, buscando uma convergência de interesses entre as multinacionais e a sociedade (Porter; Kramer, 2006).

Esse aspecto é central para as empresas legitimarem sua atuação em mercados estrangeiros e obterem apoio da sociedade. Em geral, as empresas estrangeiras sofrem, nos Estados que as recebem, uma resistência denominada *liability of foreignness* (em tradução livre: "responsabilidade dos estrangeiros"), que implica que a empresa precisa se esforçar para ser bem-vista no novo mercado. As práticas de RSA contribuem para essa adaptação ao mercado estrangeiro, pois aproximam a empresa da sociedade local.

4.3 Como negociar com culturas diferentes

As diferenças culturais podem impactar nas negociações entre empresas e Estados. Além das questões relacionadas à etiqueta e a tradições e costumes locais, é preciso levar em conta que indivíduos de outras nacionalidades podem ter diferentes maneiras de chegar a um consenso (Sebenius, 2002).

Por exemplo, quando uma empresa negocia como outra, de um país persa ou árabe, precisa obter informação sobre costumes, leis básicas do comércio e procedimentos protocolares, pois o nível cultural é fundamental para diminuir o conceito de distância psíquica da Escola Nórdica de internacionalização empresarial (apresentado no capítulo anterior), e cabe ao negociador dominá-lo.

Percebemos, portanto, que a dimensão cultural é extremamente relevante para se conhecer não apenas a natureza dos atores com quem se lida, mas também para traçar estratégias para a negociação da empresa. Em um mundo globalizado, podemos ter acesso a diversas culturas, mas de modo superficial, e isso pode causar transtornos quando se trata de negociação. Assim, acreditar que se conhece uma cultura não é suficiente. É preciso ir além, compreender mais, investigando, contatar outros grupos que já negociaram com as culturas em questão e sempre observar os ritos de negociação das outras partes. Uma empresa deve lidar com as variáveis culturais que se apresentam cotidianamente aos agentes em processo de internacionalização.

Obviamente, a globalização facilita a negociação internacional, pois normalmente se adota o inglês como idioma nas transações. Além disso, a empresa exerce uma função internacional como os Estados, adotando os comportamentos já estabelecidos na diplomacia, como cerimoniais e protocolos neutros, claros e concisos.

Todavia, alguns grupos culturais ou grupos nacionais prezam pela tradição de seus costumes no processo de negociação. Essas são culturas que se importam com a forma da negociação e seu ritual. Nessa situação, um espaço neutro pode não ser a melhor alternativa para a negociação, evitando que a empresa e seus negociadores se submetam a um espaço escolhido pela outra parte.

É preciso definir o idioma mais acessível a ambas as partes, mas essa é apenas a primeira etapa, já que muitos rituais e modos de relacionamento humano estão em jogo. Um elemento que pode prejudicar a negociação é a codificação que produz uma mensagem inadequada (por exemplo, um vendedor de carro explicando sobre o motor, quando o interesse da pessoa é a beleza do automóvel). Essas diferenças entre remetente e receptor são denominadas *ruídos*, os quais podem ter origem na comunicação verbal ou na não verbal.

Na próxima seção, investigaremos aspectos culturais de cada região do mundo, os quais devem ser considerados no momento das negociações.

Negociando no Oriente Médio

De acordo com Acuff (2004), no Oriente Médio, a concepção de tempo não é estrita, pois nessa região o tempo se verifica a partir de uma visão diferenciada em relação a de outros países, como os da América do Norte. Portanto, no Oriente Médio é comum as pessoas se atrasarem para reuniões. Ainda nesse sentido, a negociação faz parte de suas vidas cotidianas, especialmente para os países de origem árabe. Além disso, a religião exerce um papel central no mundo dos negócios.

Os cidadãos desses países geralmente não permitem que os horários administrem suas vidas. Contudo, quando um dos negociadores não vai a um encontro, isso não é entendido como um insulto, uma vez que esse tipo de formalidade, para eles, não é tão considerada.

É interessante perceber, ainda nesse mesmo assunto, que negociações costumam ser mais morosas na Arábia Saudita, pois os cidadãos dessa nacionalidade desejam primeiro criar um contato inicial, que pode contribuir para a criação de uma relação permanente. Assim, não é bem-visto apressar as negociações.

Em geral, esses nacionais são orientados para a coletividade, pois, para sua cultura, o sucesso se define mais em termos de integração no grupo do que em realização pessoal. Assim, eles são muito orientados à coletividade e ao trabalho em equipe, o que é uma explicação da demora nos processos de negociação. Eles desejam atingir a unanimidade, portanto apressá-los pode ser considerado uma ofensa e uma estratégia desagregadora (Acuff, 2004). Ademais, a comunicação verbal costuma ser mais indireta e mais expressiva do que a dos estadunidenses, a linguagem corporal dos árabes é bastante expressiva e o contato físico é normal, exceto com mulheres (Acuff, 2004).

Negociando na América Latina

Os latino-americanos têm por costume não ver sentido na urgência e são usualmente pouco preocupados com os horários. É fundamental entender as culturas ibérica e portuguesa para compreender o ambiente de negociações latino-americano. Esses povos costumam valorizar a posição de cada pessoa, não pelo que ela faz, mas pelo que ela é (Costa, 2006).

Nas negociações, os latinos costumam ser muito emocionais e usar muito a linguagem corporal. Além disso, mantêm um distanciamento físico muito menor do que nos Estados Unidos. O sorriso é valorizado nessa região, assim como os gestos representativos com mãos e braços e as expressões faciais (Acuff, 2004).

Negociando com os brasileiros

Com cerca de 214 milhões de habitantes, é difícil falar de uma só cultura brasileira. Contudo, de modo geral, podemos afirmar que os brasileiros não costumam se preparar tanto para as negociações com outros países, improvisando muitas ações. Ainda, a agenda está sempre sujeita a alterações de última hora (Acuff, 2004).

Segundo Costa (2006, p. 57), no Brasil "o contato pessoal é de vital importância para fortalecer a credibilidade e a confiança. Isso ocorre porque a relação pessoal está intimamente ligada à relação profissional no Brasil. O foco está na pessoa com quem se está negociando, e não propriamente na organização".

Assim, uma boa relação pessoal já é uma demonstração de acordo. Entre os instrumentos utilizados pelos brasileiros nas negociações, estão os contatos prévios, a relação amistosa e a afinidade com as partes (Costa, 2006).

Negociando com os norte-americanos

Na América do Norte, sobretudo nos Estados Unidos, as negociações ocorrem de maneira acelerada, pois a maior preocupação é garantir resultados rápidos e eficazes. Em geral, as empresas têm expectativas de obter lucros a curto prazo, o que representa um empecilho em uma negociação mais prudente. É válido destacar, ainda, que um dos elementos reconhecidos por essa cultura é o individualismo, pois o êxito pessoal é visto como um combustível para o sucesso da empresa e do país, o que expande a competitividade e produz resultados benéficos para as firmas. Em comparação aos outros países, as negociações são levadas muito a sério pelos norte-americanos (Costa, 2006).

Os investidores estrangeiros, em geral, não enfrentam muitos obstáculos nos Estados Unidos. O individualismo é valorizado neste país e as negociações em grandes equipes são mais raras, bem como as relações de negócios, em geral, são informais. Com relação à comunicação, costuma-se ter uma negociação aberta e clara, mas observa-se uma distância física nas negociações, com pouco ou sem contato físico (Acuff, 2004).

Negociando na Europa Ocidental

O surgimento da União Europeia é o maior marco de cooperação na região e representa o processo de integração regional mais avançado do mundo. Um dos maiores progressos desse bloco é a livre circulação de trabalhadores, o que significa que um habitante nativo de um desses países pode residir e trabalhar em qualquer dos países do Espaço Schengen. Esse processo tende a homogeneizar as negociações na região.

Em termos culturais, os europeus compartilham a visão dos norte-americanos em relação ao uso do tempo, sendo a vida corporativa bem agitada e as reuniões pontuais. As negociações com empresas dessa região devem acontecer rapidamente.

Sobre a forma de trabalho, em geral são individualistas, criando obstáculos a relações de amizade. A ênfase recai sobre a iniciativa individual, e não sobre o trabalho em equipe.

Já a comunicação se desenvolve de maneira articulada pelos europeus ocidentais, os quais têm baixa tolerância à ambiguidade e são muito objetivos. Por sua vez, a comunicação não verbal é menos desenvolvida em relação a outras socidades, tendo em conta que a sua linguagem corporal é mais reservada do que a dos norte-americanos e muito mais do que a dos latino-americanos. Nesse sentido, o contato físico é restrito a um aperto de mãos (Costa, 2006).

Negociando na Europa Oriental

A Europa Oriental é formada pelos Estados que faziam parte da antiga União Soviética; os maiores são Bulgária, Turquia, Rússia, Hungria, Polônia, República Tcheca e Romênia. Essa região pode ser considerada difícil para negociação, mas também pode representar grandes oportunidades.

A principal forma de contrato das empresas que atuam nesses países consiste nas *joint ventures*, pelas oportunidades de exportação que criam. Um dos aspectos mais complexos é o da moeda, pois nem todos os países fazem parte da zona euro. Quanto ao uso do tempo, esses costumam ser pontuais, com pouco atraso em reuniões marcadas.

Existe uma consciência de grupo, tendo em vista a influência do sistema político comunista, baseado na solidariedade de classes. Assim, os ideais coletivos predominam em negociações. Contudo, isso pode tornar as negociações lentas e imprecisas, em razão do excesso de decisões em equipe.

No que tange à comunicação, os europeus orientais são diretos. Os estilos de comunicação podem parecer mais agressivos, mesmo sendo simpáticos. A proximidade física em geral é maior do que na América do Norte, sendo bastante expressivos em sua linguagem corporal (Costa, 2006).

4.4 Onde as empresas investem e onde não investem?

No que se refere a investimentos, podemos afirmar que as empresas multinacionais investem em países em que há uma probabilidade elevada de alcançar uma receita maior do que seus custos e com riscos baixos. Porém, julgamentos de valor e controvérsias surgem depois que as filiais são instaladas (Cohen, 2007). Por isso, uma análise de onde as empresas investem é relevante para desvendar o mito de que as corporações multinacionais se propagam sem controle. O aspecto de onde elas investem envolve um elemento central, que é como os países buscam se tornar atrativos para as empresas internacionais.

A União Europeia, os Estados Unidos e o Japão foram os principais fornecedores e receptores de investimento externo direto (IED) por mais de metade do século XX. Entre os anos 1998 e 2000, representavam 75% do IED global. Esses países têm os melhores salários e, neles, o trabalhador representa um custo de produção elevado. Outros dois importantes receptores de IED são Irlanda e Espanha, que têm mão de obra um pouco mais barata, mas ainda assim com custo elevado (Cohen, 2007).

Durante esse período, observa-se que os dados a respeito de investimento externo direto contradizem os princípios econômicos gerais de que o capital busca maiores retornos. Assim, essa relação Norte-Norte concentrou as empresas multinacionais em uma região, o que contribuiu para criar áreas em que as firmas multinacionais investem e áreas em que não investem (Cohen, 2007).

O primeiro elemento na decisão de onde ir e onde não ir é a projeção de custos de produção e dos preços cobrados pelos produtos para poder analisar o lucro envolvido. Um segundo elemento está relacionado ao ambiente de negócios do país receptor, se é amigável ou não para os negócios. Esses aspectos definem como um país parece ser atrativo ou não para investidores estrangeiros.

Outro aspecto central refere-se às políticas governamentais do país candidato para o investimento externo direto. Se o governo tem predisposição a facilitar as negociações, esse país torna-se mais atrativo (Cohen, 2007).

Estudos de caso

Por que Irlanda e Singapura são países tão atraentes paras empresas transnacionais?[1]

Irlanda e Singapura exibem um surpreendente número de semelhanças. Ambos são países insulares com população de cerca de 4 milhões de pessoas e tiveram sua economia transformada para melhor após um fluxo elevado de IED entrar em suas fronteiras. Foram prioridades para esses países a adoção de políticas industriais direcionadas para criar um ambiente pró-negócios que reduziu os riscos e aumentou as recompensas para os investidores estrangeiros. Os dois países criaram agências de promoção de investimentos que têm autoridade suficiente para atuar ajudando estrangeiros a se instalar.

O valor contábil de IED acumulado de Irlanda e Singapura, avaliado em 229 bilhões de dólares e 160 bilhões de dólares, respectivamente, em 2004 colocava esses países no topo da lista de recepção de IED *per capita*, isto é, em proporção à sua população. Os dois países também estão entre os líderes mundiais quando o IED é medido como percentual do PIB (126 e 150% em 2004, respectivamente). Em termos absolutos, a Irlanda tinha o 6º maior e Singapura, o 13º maior fluxo interno de fundos de IED em 2003.

Suas histórias econômicas são semelhantes, pois, até 1970, foram economias de baixo desempenho econômico. Sem perspectivas para melhorar os indicadores econômicos, abriram suas economias para

---

[1] Estudo de caso elaborado com base em Cohen (2007).

o IED de alta qualidade, e a atração de empresas torna-se um objetivo governamental de alta prioridade. Foram realizados incentivos e um *marketing* agressivo especificamente destinado a empresas estrangeiras em setores de valor agregado elevado, assim como programas para impulsionar a educação e a formação técnica e vantagens geográficas. Esses elementos fizeram sua busca um êxito.

As corporações multinacionais foram responsáveis por cerca de metade dos empregos nos dois setores da indústria transformadora dos países até o começo do século XXI. As principais evidências de que a atração de IDE foi um sucesso nesses dois casos foram o crescimento do PIB, a redução de desemprego e o aumento do nível de vida. Além disso, políticas econômicas domésticas corretas, oferecendo melhores serviços governamentais, provocaram a melhora da qualidade de vida.

Entre os séculos XIX e XX, um dos principais produtos de exportação da Irlanda era o próprio povo. O processo de emigração reduziu sua população de 8 milhões, em 1840, para 2,8 milhões, em 1960. Esse país tornou-se um dos maiores exportadores mundiais de bens de tecnologia altamente sofisticada graças à presença maciça de IDE de alta qualidade. Mais de mil empresas estrangeiras haviam estabelecido operações na Irlanda até 2005 e representaram um quarto da produção. Na década de 1980, o país subiu de estatuto de baixa renda no âmbito da União Europeia (UE) para em paridade com o rendimento médio *per capita* dos países-membros, com um crescimento rápido. Os elementos que tornaram a Irlanda atrativa foram o acesso aos mercados dos outros membros da UE, as mais baixas taxas de imposto sobre as sociedades no bloco e os baixos custos laborais (refletindo a parceria social-governo de união, atingindo moderação salarial), com trabalhadores altamente qualificados. O país montou uma infraestrutura física de qualidade elevada. Ademais, é um país de língua inglesa, o que facilita a entrada de firmas americanas. A Irlanda se tornou uma das principais entradas para a exportação para o mercado da UE.

Por sua vez, Singapura é uma cidade-Estado pequena por ser uma ilha e não dispor de recursos naturais. Em 2005, o país recebeu cerca de 7 mil empresas multinacionais. A mudança na composição de suas exportações de produtos com trabalho intensivo para produção mais intensiva em tecnologia pode ser atribuída diretamente ao governo. Os elementos que tornaram o país atrativo foram: estrutura social, física e jurídica avançada; impostos baixos; deduções fiscais e subsídios para atividades comerciais preferenciais; força de trabalho altamente qualificada, motivada e disciplinada; localização central em expansão do mercado do Leste Asiático; rede em expansão de acordos de livre comércio e acordos bilaterais de garantia dos investimentos; melhor qualidade de vida na Ásia; e sistema universitário cujo currículo foi baseado em ciências tecnológicas.

Por que os investidores ainda preferem a China à Índia?[2]

A China, afetada por um crescimento prolongado lento e pela pobreza generalizada de sua população em expansão, em 1976, iniciou a abertura de sua economia, assim como a Índia. Esse processo ainda não foi concluído, com reformas no mercado para abri-lo ao capital internacional e às empresas.

Historicamente, a China resistiu à entrada de IED, pois esta era associada ao imperialismo ocidental, mas passou a reduzir os controles sobre esses investimentos. Os países tinham a necessidade de atrair capital e de *know-how* de negócios internacionais. Até a metade da década de 1980, pequenas quantidades de IED optaram por ingressar na China e na Índia e ainda menos investimentos foram realizados. A partir dos anos 1990, após passarem por reformas, os dois países se tornaram atraentes para as empresas estrangeiras porque oferecem mão de obra barata e têm um dos maiores mercados consumidores do mundo.

---

2 Estudo de caso elaborado com base em Cohen (2007).

A China tem um regime político ditatorial e oficialmente se mantém comunista. Suas regras jurídicas são muito pouco evoluídas para as exigências ocidentais, o que fomenta a corrupção. A China, assim como os Estados Unidos, é conhecida por desrespeitar direitos de propriedade intelectual de empresas estrangeiras. Outro aspecto negativo é o sistema bancário, insolvente pelos padrões ocidentais em razão da inadimplência.

Por outro lado, a Índia é uma democracia com um sistema econômico capitalista, com taxas de crescimento elevadas nos últimos anos. O sistema jurídico e o mercado de capitais funcionam de maneira mais adequada do que o chinês. Os indianos têm fluência em inglês e os salários são apenas um pouco superiores aos da China. Além disso, a Índia, assim como a China, tem acesso direto ao mar. Contudo, a China se mantém à frente da Índia na atração de investimentos e, entre os países emergentes, é o maior atrativo de IED e o segundo maior destino depois dos Estados Unidos.

Na segunda metade da década de 1990, a aceitação parcial da economia de mercado pela China tinha desbloqueado seu enorme potencial econômico. Em termos de atração de IED, houve uma enxurrada de empresas se deslocando para essa economia. As empresas têxteis se interessaram pela combinação oferecida de crescimento rápido, com trabalho intensivo com remuneração baixíssima e produtora de bens de tecnologia com baixos custos e com um mercado consumidor muito grande, tendo um o número crescente de empresas estrangeiras instalando subsidiárias. A insegurança de não participar dessa oportunidade fez com que os maiores investidores optassem pela China, o que resultou em 2005 em fluxos anuais de IED entre 40 bilhões de dólares e 50 bilhões.

A Índia optou por outro caminho, pois os gestores políticos não abandonaram suas crenças e tradições. Nas décadas de 1980 e 1990, o governo criou políticas limitadores do investimento externo direto, com exigências e regulamentações pouco convidativas.

Essas políticas protecionistas promoveram o encerramento das atividades de grandes empresas, como IBM e Coca-Cola, fechando a porta para novos negócios. Assim, ao adotar uma postura hostil, com o objetivo de proteger sua economia nacional diante da invasão das empresas estrangeiras, a Índia se tornou um país indesejado para investidores externos.

Outro aspecto que desestimula os investimentos estrangeiros é a infraestrutura física do país, que é inferior em qualidade em comparação com a China, com estradas bloqueadas e trens sempre atrasados, o que eleva os custos de produção.

Ademais, os incentivos financeiros ainda são mínimos na Índia em relação aos países de custos comparáveis e as regras fiscais são pesadas. E as leis de trabalho são restritivas, mais do que na China comunista.

Os investidores consideram a China "mais orientada para negócios" do que a Índia. A maioria deles compartilha da opinião de que a China tem mais políticas favoráveis ao IED. Contudo, observaram-se nos últimos anos avanços impressionantes da Índia no setor de serviços, especialmente em tecnologia da informação. Nesse caso, o governo interfere menos nos negócios, e a infraestrutura de telecomunicações tem sido suficiente para a tarefa, o que contribuiu para a entrada de subsidiárias nesse setor. Isso está diretamente associado à estratégia de capitalismo de Estado de que tratamos no primeiro capítulo.

Síntese

Neste capítulo, conhecemos as principais estratégias das empresas multinacionais e transnacionais. O modelo transnacional relaciona-se à estratégia de expansão da produtividade em suas filiais, que são:

- estratégia doméstica, que se destaca como a mais pertinente;
- integração simples, em que há maior cooperação entre a matriz e suas filiais;
- integração complexa, que ocorre por meio de fusões ou aquisições.

Investigamos os efeitos que o investimento externo direto causa nos países receptores, pois as empresas multinacionais têm impacto na qualidade de vida dos habitantes dessas regiões, podendo gerar benefícios ou desvantagens para essas populações. Podem ser geradoras de emprego, ao mesmo tempo em que podem desrespeitar normas de trabalho, meio ambiente e direitos humanos.

Além disso, abordamos o impacto que a cultura pode imprimir nas negociações empresariais, ressaltando a importância do domínio de certos aspectos culturais do país de origem das empresas e dos empresários para melhorar a negociação. Verificamos, ainda, a necessidade de se entender como cada grupo, de acordo com sua nacionalidade ou etnia, negocia, como entendem o tempo, as relações afetivas, como é sua linguagem corporal, entre outros aspectos. Para tanto, apresentamos características fundamentais, mencionadas por Acuff (2004), para poder negociar com países latino-americanos, do Leste Europeu, da Europa Ocidental, da Ásia, além dos países árabes e os norte-americanos.

Por último, tratamos dos elementos analisados pela empresa a respeito da aplicação dos investimentos. Os principais fatores considerados são custos e possibilidades de lucro, ambiente de negócios da economia estrangeira, bem como políticas de governo do país receptor, que podem ser atraentes ou desmotivar o investimento.

Questões para revisão

1. Quais são os principais impactos das empresas multinacionais para os países receptores em termos sociais, econômicos e ambientais?

2. Apresente as características de negociadores dos países latino-americanos em comparação aos norte-americanos.

3. Sobre as estratégias de gestão das empresas, indique a alternativa **incorreta**:

    a. Em Estados com poucas barreiras ao comércio, a estratégia doméstica se revela a mais adequada, com a exportação de produtos.

    b. Quando o país é mais aberto, elege-se a estratégia de integração simples entre a multinacional e a filial, pois é possível alcançar ganhos de eficiência.

    c. A estratégia de integração complexa é eleita em países com mercados mais abertos e competição elevada. Nessa situação, a empresa insere-se no mercado normalmente por meio aquisições ou fusões, com vistas a alcançar uma posição mais privilegiada no mercado internacional.

    d. Shi (2003, citado por Vieira; Zilbovicius, 2007) defende que o sistema de produção internacional é composto a partir de quatro elementos: cadeia de valor e suprimento; internacionalização da produção; alianças estratégias e processo de síntese entre os anteriores.

    e. Todas as alternativas são falsas.

4. Analise as afirmativas a seguir, sobre as empresas e a questão ambiental.

    I. Em 1970, a ONU buscou gerenciar a atividade das multinacionais, mas sem sucesso. Apenas em 1977 formulou diretrizes para a atuação das empresas multinacionais e, em 1977, a OIT, com a *Declaração Tripartite de Princípios Voltados para a Regulação da Atuação das Empresas Multinacionais*. Esses documentos são obrigatórios para as empresas, pois o direito internacional é respeitado.

II. A Responsabilidade Socioambiental (RSA) se tornou parte do planejamento estratégico de muitas empresas. Essas práticas de RSA incentivam ações mais responsáveis, o que contribui para a construção de valores universais comuns de proteção ambiental.

III. Em 1992, na Conferência das Nações Unidas sobre o Meio Ambiente e o Desenvolvimento, realizada no Rio de Janeiro, foi formulada a *Agenda 21*, que definiu um novo paradigma sobre o meio ambiente. Todos os Estados se comprometeram a colocar em prática esse documento e têm desenvolvido práticas mais sustentáveis, sem obstáculos à sua implementação.

IV. Na última Conferência do Meio Ambiente da ONU, realizada no Rio de Janeiro, os documentos formulados estabelecem poucas mudanças e ações efetivas. Isso demonstra a falta de compromisso dos Estados com a diminuição das práticas de produção de consumo danosas ao meio ambiente. Portanto, as iniciativas concretas referentes ao controle das atividades das empresas multinacionais e seus impactos sobre o meio ambiente são mínimas.

Com base nas proposições, indique a alternativa correta:

a. I e II são verdadeiras.
b. II e IV são verdadeiras.
c. I e III são verdadeiras.
d. dI, II e IV são verdadeiras.
e. Todas são verdadeiras.

5. Sobre os aspectos culturais da negociação, assinale a alternativa correta:
   a. A globalização facilita e padroniza a negociação internacional, e o inglês é adotado como idioma-padrão. Assim, não devem ser levados em conta no mundo dos negócios os aspectos culturais e as tradições.
   b. Na Europa ocidental existe uma consciência de grupo, o que faz com que as negociações sejam lentas e imprecisas em razão do elevado número de decisões em equipe.
   c. No Oriente Médio, a noção de tempo não é tão rigorosa, fazendo com que as pessoas se atrasem para uma reunião com frequência. A negociação faz parte de suas vidas cotidianas, pois estão acostumados a negociar e têm prazer nisso. Ademais, a religião muçulmana exerce um papel central no mundo dos negócios.
   d. Na Europa Oriental, o uso do tempo é levado a sério, sendo a vida de negócios bastante agitada e as reuniões, pontuais. Portanto, as negociações devem acontecer rapidamente, baseando-se nas iniciativas das pessoas.
   e. O individualismo não é valorizado nos Estados Unidos, fazendo com que as negociações em grandes equipes sejam comuns. As relações de negócios em geral são bastante formais, sem contato físico.

Questões para reflexão

1. Quais aspectos devem ser considerados na decisão de investir em um país? Do seu ponto de vista, o Brasil é um país atrativo para investimentos?

2. Por que a China é mais atraente que a Índia em termos de investimento externo direto? Discuta como os problemas sociais e políticos de ambos os países pode representar um empecilho para o avanço dessas economias.

Para saber mais

ACUFF, F. **Como negociar qualquer coisa, com qualquer pessoa, em qualquer lugar do mundo**. São Paulo: Senac SP, 2004.

Esse livro apresenta uma visão geral do processo de negociação internacional, indicando estratégias para relacionar-se com culturas diferentes. Ademais, indica os desafios na negociação com cidadãos de diferentes partes do mundo e as possíveis formas de superá-los.

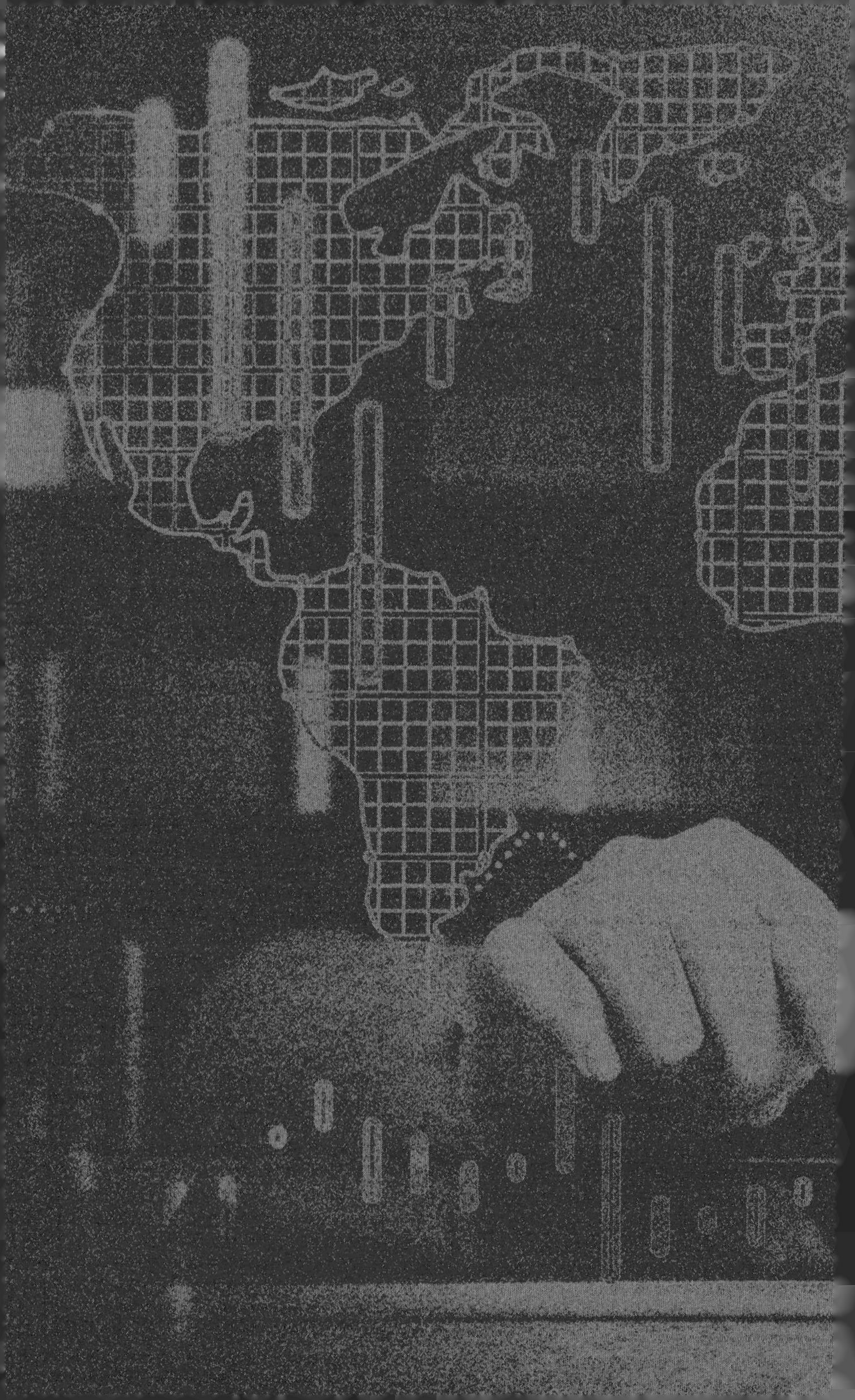

capítulo cinco

Impactos das multinacionais nas relações internacionais

Conteúdos do capítulo

- Multinacionais no século global.
- Relação entre o país que recebe e o país de origem das multinacionais.
- Multinacionais *versus* Estados-nação: redução da soberania do Estado?

Após o estudo deste capítulo, você será capaz de:

1. analisar os impactos das multinacionais no século global;
2. entender as relações entre o país receptor e o país de origem das corporações multinacionais;
3. investigar se a existência das empresas multinacionais contribui para reduzir o poder e a soberania.

Nas formas mais tradicionais de comércio internacional, as empresas multinacionais se tornaram massivas em escala e passaram a exercer um papel cada vez maior nos desenvolvimentos político, econômico e social em todo o mundo. A ordem global que emergiu no período da Guerra Fria trouxe novos conceitos e atores na agenda mundial. As novas relações econômicas e a interdependência entre Estados e empresas criaram novas circunstâncias. O crescimento das multinacionais concedeu a esses atores poder para manipular a ação dos Estados a seu favor.

Neste capítulo, investigaremos o impacto das grandes corporações no cenário global, com ênfase na atuação transnacional.

Na segunda parte, estudaremos a inter-relação entre o Estado receptor das empresas e as corporações multinacionais, buscando identificar os fatores levados em conta na escolha do país a investir. Em um terceiro momento, daremos ênfase à relação entre empresas e Estados, apresentando as diferentes perspectivas sobre o tema, que varia entre os pesquisadores que acreditam que a soberania dos Estados é ameaçada e aqueles que acreditam que as empresas não representam um desafio ao poder dos Estados, atuando de modo conjunto com os governos.

5.1 *As multinacionais no século global*

Nas relações internacionais, a teoria da interdependência complexa, que surgiu com Keohane e Nye (2001), é fundamental para a análise das empresas transnacionais, pois esses autores propõem um modelo não mais fundamentado no Estado como único ator, mas baseado nas relações transnacionais, isto é, entre atores não estatais. Assim, os governos nacionais passaram a ser entendidos como jogadores na arena política, mas não mais com poder exclusivo, e este passou a ser reduzido e limitado por outros atores, como as empresas multinacionais e as Organizações não Governamentais

(ONGs). Segundo Keohane e Nye (2001), a interdependência é uma situação caracterizada por efeitos recíprocos entre os países, entre os atores de diferentes países ou por uma dependência mútua. Contudo, "as relações de interdependência não necessariamente implicam benefícios mútuos porque pode haver grandes custos envolvidos nessas relações" (Sarfati, 2005, p. 42). Portanto, a interdependência limita a autonomia e a soberania dos Estados.

É válido mencionar que a interdependência foi observada pela primeira vez no período da crise do dólar, em 1971, quando os Estados Unidos abandonaram a paridade dólar-ouro. Os países árabes produtores de petróleo se sentiram prejudicados e subiram o preço do barril, o que provocou uma crise no país estadunidense e em todo o mundo. Isso revelou que todos os Estados dependem mutuamente uns dos outros, mesmo que a interdependência seja assimétrica (os Estados Unidos precisam menos do Brasil do que o contrário).

Um dos elementos fundamentais da teoria da interdependência é o reconhecimento das relações transnacionais. Em busca de múltiplos canais de relação, as empresas transnacionais (ETNs) e os governos passam a se relacionar, o que pode se traduzir em mais ou menos poder para os Estados. Assim, se o governo atrai capital produtivo para seu país, ganhará poder. Por outro lado, pode ter de sujeitar aos ditames de uma grande empresa ou de seu país de origem para atrair esse investimento. As ETNs, então, passam a ser como atores independentes, mas também podem ser compreendidas como instrumentos de manipulação dos governos, sobretudo quando os Estados se utilizam delas para atingir seus interesses nacionais.

Segundo Gonçalves (2005, p. 53), é fundamental analisar o alcance (internacional ou transnacional) da ação dos atores, e isso levando em conta que os atores transnacionais têm "caráter extraterritorial e multifacetado" e são "representantes de fluxos de natureza variada que ultrapassam as fronteiras dos Estados e que envolvem movimentos de origem privada".

Para Huntington (1993), a origem das organizações internacionais ocorreu nas décadas após a Segunda Guerra Mundial, nos Estados Unidos. Para esse autor, o transnacionalismo é um produto da expansão norte-americana na política mundial. Além disso, é interessante observar que, de acordo com Guedes (2003):

- A organização é transnacional se realizar operações no território de um ou mais países. Podem ser públicas ou privadas, mas vale dizer que as transnacionais privadas são empresas que têm, em geral, mais recursos e influências que as públicas.
- A organização é internacional quando seu controle é exercido por representantes de duas ou mais nacionalidades.
- A organização é multinacional quando indivíduos de duas ou mais nacionalidades participam de suas atividades.

Por sua vez, a corporação transnacional (CTN) trata uma série de mercados domésticos como se fossem apenas um, na extensão que os governos permitem. É importante mencionar que existem duas precondições para a existência de uma CTN:

1. a condição tecnológica, que está associada à capacidade de organizar, globalmente, a comunicação e o transporte com seus consumidores e representantes em outros países;
2. a condição política, que se relaciona ao fato de que a firma deve ter acesso político ao governo de seu país de origem e da nação receptora do novo investimento, além da capacidade técnica, para que sua atividade transnacional se torne concreta.

Grandes grupos econômicos que operam em escala global, ou seja, empresas multinacionais que têm atuação em pelo menos dois países e controlam uma quantidade elevada de ativos têm mais identidade nacional do que outros atores. Isso acontece porque o controle está localizado em determinado país, e elas mantêm vínculo com o Estado para protegê-las, mas, ao mesmo tempo, são transnacionais, pois os interesses estão ligados a diversos países.

Para se mensurar de modo empírico a transnacionalidade de uma empresa, foi desenvolvido, em 1995, no World Investiment Report, o índice de transnacionalidade (TNI), que corresponde à média simples de três coeficientes: ativos externos/ativos totais; vendas externas/vendas totais e emprego gerado no exterior/emprego total. Ademais, existem outros indicadores que revelam a influência transnacional da empresa (Gonçalves, 2005):

- número de subsidiárias no exterior (NSI) – número de países onde a empresa tem filiais em comparação ao número total de países em que ela atua;
- denominador de investimento externo direto (IED) – número total de países em que há registro (estoque) de IED, ou seja, de filiais instaladas;
- índice de internacionalização (II) – número de subsidiárias no exterior em comparação ao total de filiais da empresa, isto é, proporção de empresas em outros países em relação ao total de filiais da companhia.

Ainda sobre isso, é importante destacar a existência de relações estreitas entre empresas e Estados. Alguns países poderosos usam empresas como instrumentos econômicos para atingir objetivos políticos. Por outro lado, algumas empresas usam Estados como instrumentos políticos para alcançar seus objetivos econômicos. Um exemplo central é do setor petrolífero: alguns países possuem quase todas as reservas do mundo (Estados Unidos, Rússia, Arábia Saudita, Canadá, Irã, Brasil, Iraque e Venezuela), e outros seis são responsáveis pela produção quase total do mundo (Estados Unidos, Arábia Saudita, Rússia, Canadá, China e Emirados Árabes). O Brasil figura como o detentor da sexta maior reserva mundial de petróleo, superando o Iraque e a Venezuela (que já foi considerado o país com a maior quantidade de reservas petrolíferas). Uma vez que esses Estados estão envolvidos em questões conflituosas, as empresas têm papel central na condução dessas questões.

A condição política fundamental para o surgimento do transnacionalismo foi o poder dos Estados Unidos e sua busca por estabelecer coalizões com outros Estados na luta contra o comunismo. Os governos desses países forneceram acesso às empresas norte-americanas em troca de assegurar suas independências governamentais.

A CTN formula um acordo de acesso com o governo no país em que se insere, a fim de definir as condições para entrada naquele mercado. Os termos desse acordo demonstram o poder de negociação de cada parte, do país e da empresa, e é fundamental indicar que normalmente o governo de origem da corporação participa do contato com o outro país que receberá essa firma. Para Huntingon (1993), o crescimento das atividades das transnacionais não desafia o Estado e sua soberania, pois esse processo expande a relevância do mercado, uma vez que é o governo quem controla o território. Outros estudiosos, porém, defendem que esses atores ameaçam o poder dos Estados, uma vez que em alguns casos são mais poderosos que os próprios Estados. Castells (2003) ressalta que a capacidade instrumental do Estado está ameaçada pela globalização econômica, da mídia e do crime. Além disso, a transnacionalização da produção expande as dificuldades dos governos em regular as atividades econômicas. Se as atividades atendem aos interesses dos governos, como geração de empregos e de divisas, este pode oferecer condições mais favoráveis para a entrada das empresas, como isenção fiscal.

As CTNs, a princípio, não têm objetivos políticos, apenas econômicos. Contudo, como um grupo dominante fornece acesso a esse mercado, suas atividades tendem a favorecer esse grupo. Em geral, as empresas provenientes de países mais poderosos difundem os estilos de vida para os consumidores desse novo mercado, tendo influência ideológica e cultural considerável. Em muitos casos, a cultura nacional passa a ser desafiada e tem sua importância reduzida diante da nova cultura importada. Os investidores das CTNs também tendem a empregar recursos em alguns setores que podem beneficiá-las, mas não em todas as indústrias e regiões, e têm, portanto, impacto concentrador sobre as economias que as recebem.

Para Huntingon (1993), a existência dos Estados não é colocada em xeque pelas empresas, pois ambos têm objetivos e funções distintos. Embora Estados e empresas possam estar em conflito, em alguns casos trabalham em conjunto. Assim, para o autor, as CTNs não competem com os Estados; então, em vez de se discutir a concorrência entre Estado e empresa, deveria ser debatida a coexistência entre esses atores.

Thompson (citado por Guedes; Faria, 2002, p. 57) destaca "os fluxos de comércio internacional como uma das evidências de interdependência na economia mundial. Ele ainda considera os fluxos de capital, especialmente na forma de investimento externo direto (IED), como uma outra importante evidência da internacionalização da atividade econômica". Para Guedes e Faria (2002), existem dois tipos de IED:

> 1) *Greenfield*, quando a empresa insere uma nova unidade produtiva no novo mercado;
> 2) Fusão e aquisição, na qual a firma participa das atividades internacionais por meio da aquisição de ações de uma empresa estrangeira.

A partir da interdependência elevada nas décadas de 1970 e 1980 entre os Estados, Stopford e Strange (citados por Guedes, 2003, p. 10) defendem que os governos passam a reconhecer a dependência de recursos escassos controlados pelas empresas transnacionais (ETNs). As transformações nas esferas tecnológica, financeira e política obrigaram os Estados a cooperar com as ETNs (Guedes, 2003). Além da diplomacia convencional, entre Estados, as ETNs precisam de alianças corporativas para fazer frente aos desafios do mercado internacional, bem como os Estados precisam negociar com essas firmas. Isso é chamado de *diplomacia triangular*, que permite uma interação entre as três esferas de poder. Contudo essa nova forma de diplomacia demanda novas habilidades dos atores. Hirst e Thompson (citados por Guedes; Faria, 2002, p. 28) apontam que os governos, de modo geral, "perderam o poder de barganha para as ETNs", porque as empresas controlam o capital e a tecnologia, e aqueles têm controle apenas sobre o acesso ao território e à mão de obra. Como se observa um constante aumento da relevância do capital e da tecnologia na economia internacional, as empesas têm maior poder para negociar do que os Estados. Desse modo, nos anos 1990, tanto empresas quanto governos foram obrigados a adequar suas estratégias para gerenciar de modo mais adequado o cenário complexo no mercado. Nessa perspectiva, o único elemento que aproxima, na contemporaneidade, esses dois agentes é a capacidade de ambos de produzir desenvolvimento sustentável.

O modelo de diplomacia triangular é "o resultado de uma rara colaboração interdisciplinar entre acadêmicos de economia política internacional e negócios internacionais, focado nas relações entre atores estatais e não estatais em países em desenvolvimento" (Guedes, 2006, p. 342). Esse modelo é reconhecido como um bom referencial para tratar das relações entre empresas e governo.

Torna-se fundamental verificar as interações sociais e políticas no contexto dos países receptores de IED, ou seja, analisar as relações entre os governos dos países anfitriões e as empresas transnacionais. Segundo esse modelo, a partir da interdependência econômica acentuada a partir dos anos 1990, os governos foram dissuadidos a cooperar com as empresas transnacionais. Para Guedes (2003), os três pontos dessa colaboração acontecem:

1. governo-governo (do país receptor com o país de origem da empresa);

2. empresa-empresa (entre as empresas multinacionais e as empresas nacionais, que trabalham em parceria);
3. governo-empresa (entre o governo que recebe com a empresa multinacional).

Sklair (1998) defende a ideia de que as CTNs atuam como atores políticos e têm acesso a níveis elevados de poder político, além do econômico. Assim, entende-se que elas são agentes centrais no processo de mudança do contexto internacional caracterizado pela globalização, tendo crescido nos últimos anos[1].

> Ainda nos anos 1990, as meras 3 mil empresas multinacionais aumentaram, em número, para 63 mil em 2010.
>
> Entre as mais de 821 mil subsidiárias espalhadas por todo o mundo em 2010, essas empresas multinacionais empregam mais de 90 milhões de pessoas (20 milhões em países em desenvolvimento).
>
> As mil maiores empresas representavam 80% de toda a produção industrial mundial em 2010.
>
> A Exxon Mobil, por exemplo, foi tida como a 21ª maior economia do mundo em 2010, com 210 bilhões de lucro, atrás da Suécia em termos de Produto Interno Bruto (PIB) e na frente da Turquia.
>
> Em *ranking* da Price waterhouse Coopers (PWC) de 2015, das cem maiores multinacionais do mundo divulgado pela *Forbes*, a maior multinacional do mundo era a Apple (dos Estados Unidos). Em segundo lugar estava a PetroChina; em terceiro, a China Life Insurance; em quarto, o Bank of China, e, em quinto, a Actavis (Estados Unidos). Logo, das cinco primeiras, duas são dos Estados Unidos e as outras três são chinesas. Do total das cem empresas, 53% são dos Estados Unidos, 15% da Europa do euro, 11% da China, 8% do Reino Unido e 1% dos demais países (PWC, 2015).

---

1 Até a edição desta obra, os dados confiáveis mais recentes são de 2010.

As corporações multinacionais, por um lado, podem ser vistas como positivas para os países em desenvolvimento, ao difundirem tecnologia, promoverem empregos e aumentarem o crescimento econômico. Por outro, podem ser observadas como predadores imperialistas, explorando os países em desenvolvimento e expandindo sua dependência política e econômica. Muitas dessas corporações são extremamente poderosas e seus recursos excedem o da maioria dos países-membros da Organização das Nações Unidas (ONU).

5.2 Relação entre o país receptor e as multinacionais

A maior parte das teorias sobre empresas discute a relação com países menos desenvolvidos. Os defensores das grandes empresas argumentam que a eficiência e o *know-how* de organizações privadas permitem que as filiais estrangeiras desempenhem um papel central em fomentar o crescimento econômico dos países, bem como em elevar os salários e os padrões de vida. Já os críticos defendem que os esforços das empresas para expandir seus lucros são prejudiciais para a economia e a sociedade dos países menos desenvolvidos. Uma terceira visão aponta ainda que, em alguns casos, as condições políticas e econômicas são a variável independente da determinação dos efeitos do IED, e não o contrário. Nesse sentido, a ausência de uma resposta mais clara deixa os tomadores de decisão sem ideia de como definir suas políticas em relação às empresas.

Os pontos de vista sobre essa questão, portanto, diferem entre países. Alguns observam as multinacionais com descrença e suspeitas, e outros tiveram seu desenvolvimento econômico baseado na entrada delas em seus domínios.

O capitalismo, é claro, é praticado de modo diferente ao redor do mundo, pois não há uma agenda comum na relação entre governos e negócios (Cohen, 2007). As questões diferem nesse sentido, mas o mais usual é que os governos adotem políticas de mercado amigáveis para tirar proveito da economia globalizada e atrair as multinacionais. Cohen (2007) assegura que a relação de interdependência entre empresas e governos está ligada à habilidade do Estado de conduzir uma diplomacia efetiva com as organizações estrangeiras. Isso depende do poder do Estado, de sua capacidade de administração e de seu nível de desenvolvimento. Enquanto as corporações buscam concessões dos Estados e influência nas políticas econômicas, elas observam os Estados com capacidade tecnocrática elevada como parceiros adaptativos, em uma relação ganha-ganha, trabalhando em conjunto para superar os desafios impostos pela globalização (Cohen, 2007).

Contudo, embora sejam parceiros, empresas e Estados, por vezes, não apresentam os mesmos objetivos. Isto é, o que é bom para a firma multinacional norte-americana não é necessariamente bom para o interesse nacional de um país que a recebe, porque cada nação tenta maximizar seus interesses, e estes são contraditórios. Assim, é comum também que exista conflito potencial entre a empresa e o país. Conforme já mencionamos, existem pontos de interesse comum e pontos de divergência (Cohen, 2007).

5.3 As multinacionais versus o Estado-nação: diminuição da soberania do Estado?

Para Mello (1999), as empresas transnacionais são sujeitos de direito internacional, sendo os principais atores do direito internacional econômico. Com relação aos efeitos das empresas sobre a soberania do país em que estão, estas podem afetá-la por suas ações ou suas reações às políticas econômicas dos Estados.

Vernon (1971) assume, em sua teoria denominada *Soberania at Bay*, que as vantagens de negociação estarão sempre ao lado da empresa. O Estado, por sua vez, tem pouco poder de barganha em comparação a elas, que possuem mais recursos. Alguns países abrem mão das economias de escala para se desvencilhar da dependência de empresas multinacionais de países desenvolvidos. Assim, uma nação reafirma sua soberania dependendo do preço econômico que está disposta a pagar por assumir políticas nacionalistas.

Segundo Sarfati (2008), as formas mais relevantes de influência das multinacionais sobre os Estados ocorrem por meio de seu poder estrutural e de seu poder brando. O poder estrutural está relacionado à relevância da firma nas economias nacionais, e o brando se refere à capacidade das empresas de atingir resultados melhores, cooptando indivíduos, em vez de usar a coerção ou a persuasão contra os governos ou outras empresas. Assim, o poder brando não está relacionado à capacidade financeira da empresa, mas aos recursos utilizados para se construir uma melhor imagem perante a sociedade na qual atua.

Uma forma de poder brando muito usada pelas empresas é a identificação entre consumidor/cliente. Assim, o poder brando de uma empresa pode resultar de sua imagem, que é construída por meio de propaganda e de sua relação com as comunidades epistêmicas[2], como a científica, na qual os grupos epistêmicos se revelam fonte de legitimação das ações dessas firmas.

Outro elemento relacionado ao poder brando é a filantropia, isto é, a ideia de responsabilidade social, e as multinacionais assumem o papel de fornecer ajuda internacional por meio desse tipo de programa. As empresas, em 2002, eram responsáveis por aproximadamente 87% da ajuda financeira a países em desenvolvimento, fornecendo cerca de 296 bilhões de dólares.

---

2 "A comunidade epistêmica é uma rede de profissionais com experiência reconhecida e competências em um domínio particular e uma afirmação de autoridade sobre um conhecimento politicamente relevante naquele domínio ou área" (Haas, 1992, p. 3, tradução nossa).

São numerosos os exemplos de filantropia apoiados pelas EMNs [empresas multinacionais], dos quais se pode citar: a parceria Coca-Cola e Rotary Internacional, para ajudar o governo da Índia a imunizar a população contra a poliomielite; e o fundo da Nokia, de US$ 11 milhões, montado com a ajuda de seus empregados voluntários, para ajudar a ensinar crianças com dificuldade de aprendizado na África do Sul, China, México, Brasil, Inglaterra e Alemanha. (Rondinelli, 2002, p. 395, citado por Sarfati, 2008, p. 120)

Esse tipo de poder brando pode influenciar o comportamento de um Estado quando ele recorrer ao conhecimento de seus técnicos. Nesse sentido, quanto mais técnico for o bem ou serviço ofertado pela multinacional, mais precisará de parceria com as comunidades epistêmicas.

Por exemplo, na questão dos transgênicos, é necessário que as empresas estejam próximas dessas comunidades para que realizem estudos que melhorem a visão dos consumidores sobre o produto. A interação entre essas comunidades e as multinacionais ocorre de formas variadas, seja por meio da contratação de profissionais que discutam o produto com a comunidade epistêmica, prática que é muito adotada no setor farmacêutico, seja por meio de contratação de especialista, seja por meio de organizações de eventos, seminários, congressos e feiras sobre o produto. Além disso, as empresas costumam utilizar o patrocínio em pesquisas em universidades, com vistas a promover uma imagem do produto e a distribuição de prêmios a pesquisadores e cientistas. Contudo, o poder dessas corporações é limitado, pois os setores que se sentem prejudicados pela atuação delas, nacional ou globalmente, colocam-se contra esses atores.

As empresas formam alianças com os Estados, influenciando a relação entre eles e suas orientações, e a negociação entre as coalizões passa a ser um momento central, uma vez que a barganha pode resultar na redução do poder das empresas e na diminuição do alcance de seus interesses. Dessa forma, muitas coalizões poderosas eliminam os interesses das empresas dos acordos, sobretudo quando estão vinculadas a alianças mais fracas.

Segundo Sarfati (2008), a influência das multinacionais é limitada, e uma grande fonte dessa contraposição é a resistência de grupos políticos que se sentem prejudicados pela atuação dessas empresas. Esses grupos se organizam para impor obstáculos à atuação delas, bloqueando sua expansão. É válido dizer, ainda sobre isso, que um ator relevante nessa oposição são as organizações não governamentais (ONGs), que direcionam recursos intelectuais, pessoais e financeiros para o *lobby* dos grupos que perdem com as empresas multinacionais, em fóruns internacionais. Dessa forma, segundo Sarfati, temos as seguintes restrições ao poder das multinacionais:

> Quando os interesses das EMNs não coincidem com os interesses básicos das coalizões, as posições que representam os interesses das EMNs podem cair no momento da formação da coalizão ou no momento de a coalizão negociar com outras coalizões; e quando o interesse das EMNs é representado por coalizões fracas, as posições das coalizões mais fortes tendem a se sobrepor aos interesses das coalizões minoritárias, o que pode representar a derrota a interesses fundamentais das EMNs. (Sarfati, 2008, p. 123)

Um exemplo do poder limitado das empresas multinacionais nas relações internacionais é o caso do Protocolo de Biossegurança (de Cartagena), que não atendia aos interesses das grandes empresas multinacionais de biotecnologia, farmacêuticas e alimentos, por produzir mais obrigações para essas empresas, gerando aumento de custos.

Desse modo, o resultado das negociações para assinatura desse protocolo não contemplou o interesse das corporações, e o tratado incorporou demandas de organismos vinculados à melhoria da alimentação humana, o que implicou a redução do poder das empresas.

O crescimento das multinacionais ameaça o poder absoluto dos Estados, tanto internacional quando nacionalmente. Os Estados, por sua vez, passam a compartilhar seu poder e sua soberania com essas organizações. A teoria funcionalista de relações internacionais defende que há uma transferência de algumas competências dos Estados para outros centros de poder, como organizações internacionais e empresas multinacionais. Assim, a interdependência não ocorre apenas entre Estados, mas entre Estados e atores privados, como as empresas, que precisam cooperar para assegurar seus interesses.

Muitos países, especialmente os Estados Unidos, utilizam-se das empresas para interferir nas políticas domésticas ou nas relações bilaterais com um Estado menos desenvolvido em sentido econômico ou político. Aqui, o exemplo mais adequado que podemos citar é o da intervenção na política dos países da América do Sul.

As mudanças estruturais na economia mundial e a competição por mercados criaram novo tipo de relacionamento entre Estados e corporações. Nesse sentido, os governos receptores de filiais de multinacionais iniciaram uma série de políticas econômicas estratégicas para superar as condições difíceis impostas nas relações com as empresas multinacionais. Portanto, os Estados passaram a moldar seus comportamentos com base em ações das grandes corporações, especialmente quando se trata de países mais dependentes. Embora isso limite a soberania e o poder de atuação dos Estados, estes ainda seguem como os atores soberanos das RI por excelência e compartilham certas funções com as empresas, mas não transferem a elas o controle de suas economias.

Estudo de caso

A parceria entre uma ONG e a TIM Nordeste: responsabilidade social das empresas[3]

No ano de 2003, desenvolveu-se uma relação de parceria entre a Casa de Passagem (ONG) e a TIM Nordeste (uma empresa multinacional), por meio de uma convergência de interesses. A Casa de Passagem procurava empresas para colaborar e a TIM buscava ONGs para apoiar financeiramente, e os esforços de aproximação aconteceram por intermédio de relações pessoais entre funcionários das duas empresas. Todavia, a concretização da parceria só se consolidou após um ano do contato inicial.

A ONG em questão tem seus trabalhos direcionados para o público feminino, uma área que recebia pouco financiamento de outras empresas. Tendo isso em vista, a TIM decidiu investir nela, pois sempre teve interesse de diferenciar-se no mercado e melhorar sua imagem, o que se relaciona à lógica de poder brando empregada por Sarfati (2008).

A TIM destinou uma quantia de 3 mil reais (R$ 3.000,00) por mês à ONG. Outra fonte de renda para a Casa foi a venda de produtos TIM nos eventos da Casa de Passagem. Ademais, foram oferecidos brindes aos clientes com produtos fabricados pelas moradoras da ONG, e a TIM estabeleceu a condição de que o recurso fosse usado apenas no programa Passagem para a Vida, destinado a meninas moradoras de rua.

Podemos analisar primeiramente o intuito da empresa de se diferenciar no mercado, ao financiar apenas o programa que atende ao sexo feminino. É possível perceber que essas alianças são usadas de modo instrumental, a partir da eleição de estratégicas.

---

3 Estudo de caso elaborado com base em Monte (2004).

A escolha da ONG não foi aleatória, pois o intuito da empresa era transmitir uma imagem socialmente responsável para a sociedade e, como consequência, para investidores, clientes e acionistas. A TIM destina ajuda financeira à ONG, que utiliza a logomarca da TIM em seus eventos e materiais. Um segundo estágio da parceria seria o desenvolvimento de trabalho voluntário pelos funcionários da TIM na ONG.

Síntese

Neste capítulo, evidenciamos o papel exercido pelas empresas transnacionais nas relações internacionais e observamos que a expansão massiva das multinacionais permitiu a esses agentes conquistarem mais poder para persuadir os Estados a realizar políticas que as beneficiassem. Portanto, há um contraste entre as empresas e os Estados, e, em muitos casos, estes têm seus poderes limitados pelas grandes corporações, que causam, por sua vez, grandes impactos nas relações internacionais.

Abordamos, ainda, o paradigma da diplomacia triangular como uma referência para entender o relacionamento entre grandes empresas e governos. Nesse sentido, percebemos que é imprescindível avaliar as relações entre os governos dos países anfitriões e as empresas transnacionais. Essas relações podem ser cooperativas ou conflitivas.

Também observamos que, em muitos casos, os Estados poderosos se utilizam das empresas como instrumento para intervir em outros países, especialmente os em desenvolvimento. Porém, embora as empresas contribuam para reduzir a soberania dos Estados, estas não conseguem ser os atores centrais das relações internacionais, pois, como comprovado por Sarfati (2008), em muitas negociações o interesse nacional prevalece ao das empresas.

Questões para revisão

1. Discorra sobre o impacto e o poder das empresas multinacionais nas relações internacionais.
2. Explique o que é *diplomacia triangular*.
3. Sobre a relação entre as multinacionais e as relações internacionais, analise as afirmações a seguir.

    I. As empresas multinacionais que têm atuação em pelo menos dois países e controlam uma quantidade elevada de ativos têm menos identidade nacional do que outros atores, como as organizações internacionais. Assim, as empresas perdem o contato com o Estado de origem, pois seus interesses estão ligados a muitos países.

    II. A interdependência complexa é essencial para analisar as empresas multinacionais, pois estabelece a existência de diferentes atores. Os governos nacionais passam a ser entendidos como jogadores na arena política, porém não mais com poder exclusivo, que passa a ser reduzido e limitado por outros atores, como as empresas multinacionais e as ONGs.

    III. Existem relações estreitas entre empresas e Estados. Por um lado, alguns Estados mais poderosos utilizam empresas como instrumentos econômicos para atingir objetivos políticos. Por outro, algumas empresas usam Estados como instrumento político para conseguir objetivos econômicos. Um bom exemplo disso é o do setor petrolífero, no qual as empresas afetam questões domésticas e de conflito dada sua importância econômica.

IV. As empresas multinacionais têm impactos mais positivos do que negativos para os países em desenvolvimento, pois aumentam empregos nesses países sem afetar o meio ambiente. É fundamental destacar que muitas dessas corporações são perdedoras e seus recursos excedem o da maioria dos países membros da ONU.

Assinale a alternativa correta:

a. As alternativas I e IV estão corretas.
b. As alternativas I, II e III estão corretas.
c. As alternativas II e III estão corretas.
d. As alternativas II e IV estão corretas.
e. Todas as alternativas estão corretas.

4. A respeito da relação entre os países que recebem e a nação de origem, selecione a alternativa **incorreta**:

 a. Os defensores das grandes empresas argumentam que a eficiência e o *know-how* de empresas privadas permitem que as filiais estrangeiras desempenhem um papel central em fomentar o crescimento econômico dos países desenvolvidos.
 b. Os críticos defendem que os esforços das empresas para expandir seus lucros são prejudiciais para as economias e para a sociedade dos países menos desenvolvidos.
 c. As visões sobre as empresas diferem entre países. Alguns observam as multinacionais com descrença e suspeitas, ao passo que outros construíram seu desenvolvimento econômico tendo em vista a entrada delas em seus territórios.
 d. Alguns governos adotam políticas de mercado mais abertas para tirar proveito da economia globalizada e atrair multinacionais, e outros aplicam políticas mais restritivas.

e. Enquanto as empresas buscam conseguir concessões dos Estados e influenciar as políticas econômicas, elas observam os Estados com capacidade tecnocrática elevada como parceiros adaptativos, trabalhando em conjunto para superar os problemas apresentados pela globalização.

5. No que tange ao efeito das empresas multinacionais nos Estados, analise as afirmativas a seguir e indique V para as verdadeiras e F para as falsas.

( ) Segundo Sarfati (2008), a forma mais relevante de influência das multinacionais sobre os Estados é por meio de seu poder estrutural e de seu poder brando. O primeiro está relacionado à relevância da firma nas economias nacionais, e o segundo refere-se à capacidade de elas atingirem resultados melhores cooperando com os indivíduos, em vez de usar a força.

( ) Um exemplo de poder estrutural usado pelas empresas é a identificação entre consumidor/cliente. Assim, o poder estrutural de uma empresa pode resultar de sua imagem, que é construída por meio de propaganda e de sua relação com as comunidades epistêmicas, como a científica, na qual os grupos epistêmicos se revelam fonte de legitimação das ações dessas firmas. Outro elemento relacionado ao poder estrutural da empresa é a filantropia, isto é, a ideia de responsabilidade social.

( ) Segundo Sarfati (2008), a influência das multinacionais é ilimitada, pois são mais poderosas que muitos Estados e utilizam-se do poder brando, relacionado à capacidade de convencer seus clientes sobre seu potencial e poder estrutural.

( ) Um exemplo do poder limitado das empresas multinacionais nas relações internacionais é o caso do Protocolo de Biossegurança (de Cartagena), que não contemplou os interesses das grandes empresas de interessava às EMNs de biotecnologia, farmacêuticas e alimentos, por produzir mais obrigações para essas firmas. O resultado das negociações desse protocolo não atendeu ao interesse das corporações.

Assinale a alternativa que corresponde à sequência correta:

a. V, V, F, F.
b. F, F, V, V.
c. F, V, F, V.
d. V, F, V, F.
e. V, F, F, V.

Questões para reflexão

1. Cite um exemplo de uma grande empresa que tem profundo impacto nas relações internacionais e faça um texto analisando a maneira como ela se relaciona com os Estados de origem e os Estados receptores.

2. A partir das análises realizadas na questão 1, você considera que as empresas multinacionais limitam a soberania dos Estados ou expandem sua relevância?

Para saber mais

COHEN, S. D. **Multinational Corporations and Foreign Direct Investment**: Avoiding Simplicity, Embracing Complexity. New York: Oxford University Press, 2007.

Esse livro investiga a complexidade dos investimentos externos diretos no mundo, apontando os efeitos da internacionalização para os países que enviam e receptores. Discute também os elementos envolvidos na tomada de decisão sobre onde investir.

KOKSAL, E. **The Impact of Multinational Corporations on International Relations**: a Study of American Multionationals. 151 p. Thesis (Master of Science) – Graduate School of Social Sciences of Middle East Technical University, 2006.

Essa tese de doutorado apresenta uma análise interessante sobre os impactos das empresas multinacionais na ordem internacional, discutindo as relações entre soberania, Estados e o poder das corporações multinacionais e transnacionais na política internacional

capítulo seis

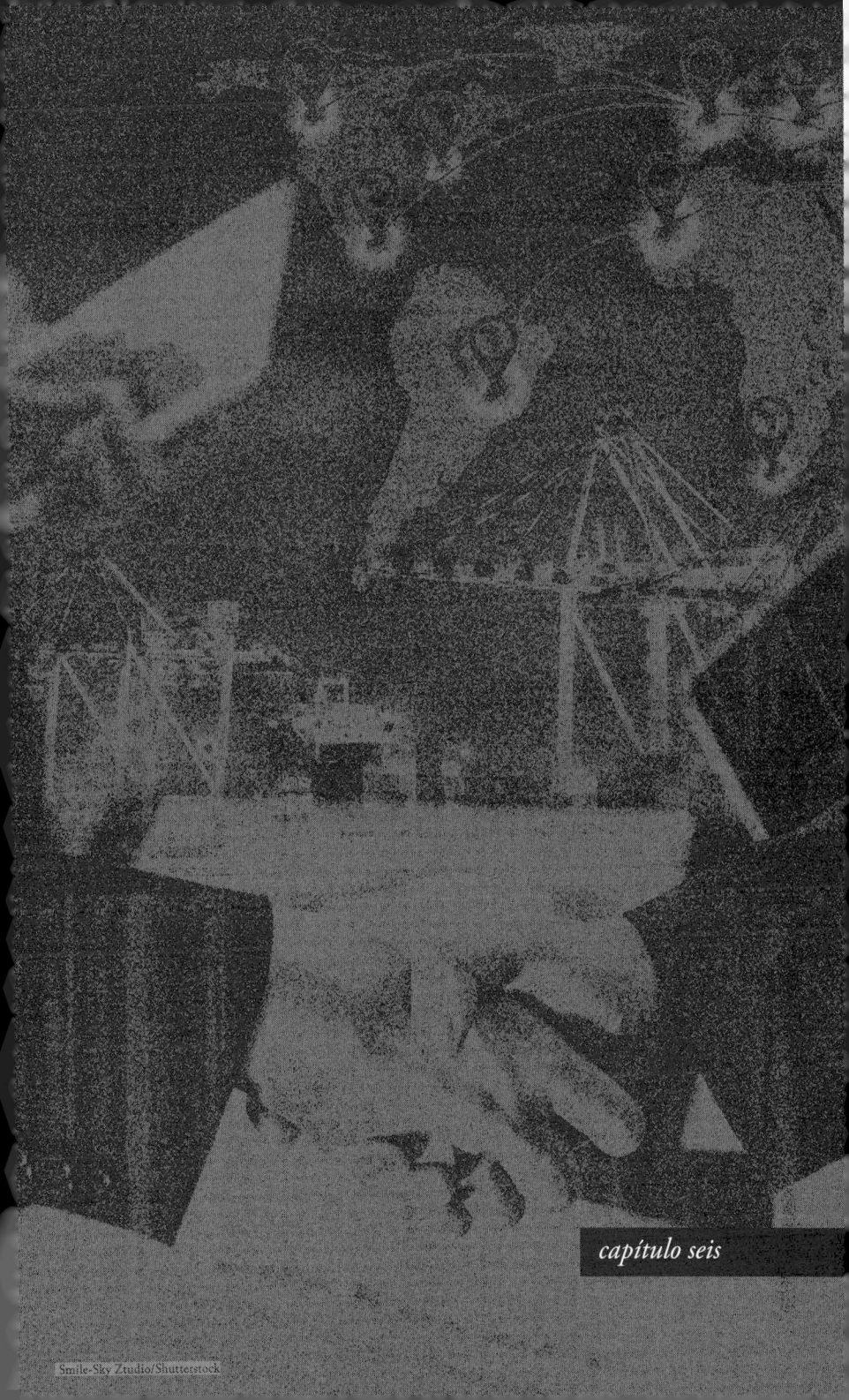

Estudos de caso da internacionalização de empresas brasileiras com aplicação teórica

Conteúdos do capítulo

- Estudo de caso da internacionalização de uma empresa do setor de transportes: Marcopolo.
- Estudo de caso da internacionalização de uma empresa do setor alimentício: JBS-Friboi.
- Estudo de caso da internacionalização de uma empresa do setor de cosméticos: O Boticário.
- Estudo de caso da internacionalização de uma empresa do setor têxtil: Fitesa.
- Estudo de caso da internacionalização de *fintechs* plataformas brasileiras.
- Análise histórica da transnacionalização das empresas brasileiras até 2023.

Após o estudo deste capítulo, você será capaz de:

1. aplicar as teorias de internacionalização a casos reais de inserção externa.
2. conhecer as peculiaridades do processo de internacionalização de empresas brasileiras em diversas fases até o ano de 2023.

Neste capítulo, vamos investigar a internacionalização de empresas brasileiras em vários setores. Primeiramente, examinaremos a internacionalização da Marcopolo, do setor de transportes, em virtude de suas peculiaridades. Depois, analisaremos a inserção externa da JBS-Friboi, do setor alimentício. É válido ressaltar que essas duas empresas se destacam não apenas na exportação, mas também no investimento externo direto (IED), isto é, no estabelecimento de filiais em outros mercados.

Em um terceiro momento, discutiremos a inserção internacional da empresa O Boticário, líder no setor de cosméticos, com a estratégia de abrir lojas e franquias no exterior. Já na quarta parte do capítulo, conheceremos a inserção externa da Fitesa, que se tornou líder na produção de têxteis para o setor médico e de higiene e adotou o modelo de aquisição para sua penetração internacional. Na sexta seção, avaliaremos a expansão das empresas *fintech* plataforma e as potencialidades destas para a inserção externa, por meio do estudo de duas *fintechs* brasileiras a SalaryFits e a Warren, que têm trajetórias externas diferenciadas.

Algumas empresas brasileiras iniciaram sua atividade externa na exportação e passaram a estabelecer parcerias externas, com *joint ventures* e, posteriormente, com subsidiárias em outros países, especialmente da América Latina, mas também em outros continentes. Para compreender essas particularidades, na última seção, apresentaremos a evolução histórica da internacionalização das empresas brasileiras, a partir dos anos 1990 até 2023, indicando continuidades e rupturas no decorrer desse período.

6.1 Estudos de caso da internacionalização de uma empresa do setor de transportes: Marcopolo

A empresa Marcopolo, criada em 1949, na cidade de Caxias do Sul, no Rio Grande do Sul, é uma produtora de carrocerias de ônibus. Hoje, é líder no mercado brasileiro com aproximadamente 40% de participação. Estabeleceu indústrias em Portugal, na Argentina, no México, na Colômbia e na África do Sul e também atua em transferência de tecnologia para a China. Aproximadamente 60% da sua produção é feita no Brasil e 40% em outros países. Assim, o mercado brasileiro ainda é o mais importante para essa empresa, mas suas atividades externas são centrais (Marcopolo, 2016).

A fabricação dos ônibus é feita em 17 fábricas, sendo 5 no Brasil e 12 no exterior, o que revela a importância do mercado externo para essa empresa. A Marcopolo possui 1 unidade própria na África do Sul, 3 na Austrália, bem como coligadas/controladas na Argentina (2), na Colômbia (1), no Egito (1), na Índia (2), no México (1) e na China (1).

A empresa iniciou suas exportações para o Uruguai, vendendo ônibus com base em um sistema denominado *Complete-la Built Unit*. Nos anos 1970, começou a exportar para outros países da América Latina e, também, para a África, fornecendo assistência técnica para que as empresas dos países montem carrocerias. Para os Estados Unidos, as exportações se iniciaram em 1988 (Marcopolo, 2016).

A primeira filial da empresa foi instalada em Portugal, em 1991, com o objetivo de realizar um avanço da tecnologia, tendo em conta que a Europa detinha *know-how* nesse setor. No ano de 2008, a Marcopolo fabricou mais de 200 mil carrocerias de ônibus e tinha 12 mil fornecedores e colabores em outros países (Marcopolo, 2016).

A partir dos anos 1990, a empresa passou a ingressar em países que fazem parte de processos regionais. Na Argentina, a fábrica foi instalada em 1998; no México, em 1999, em parceria com a Daimler Chrysler, participando com 26% do investimento. Na Colômbia, a fábrica foi inaugurada em 2000, a partir de uma *joint venture* com a empresa Superbus. A empresa da África do Sul é 100% controlada pela Marcopolo; na China, iniciou parcerias com a empresa Iveco, desde 2001. A Marcopolo abriu um escritório em 2002 na China e, desde 2008, tentou instalar uma fábrica neste país, porém, em virtude das políticas protecionistas chinesas, enfrentou obstáculos e só conseguiu realizar o investimento em 2011. Segundo relatório da empresa, "a fábrica da Marcopolo na China desenvolveu protótipos de ônibus rodoviários leves para o mercado asiático" (Marcopolo, 2016, p. 3).

No ano de 2004, realizou também uma *joint venture* com a empresa russa Ruspromauto, que é líder de mercado; em 2006, a Marcopolo formou uma *joint venture* com uma montadora indiana, a Tata Motors, a principal empresa desse tipo no país. Na Índia, a Tata fornece os chassis e vende os ônibus, enquanto a Marcopolo produz as carrocerias. Esse acordo é vantajoso para a Marcopolo, pois essa empresa indiana expande os meios de venda, reduzindo os riscos nesse mercado. Essa *joint venture* garante o acesso a um mercado bastante protegido pelo governo indiano (Marcopolo, 2016).

Com relação ao rendimento da Marcopolo, em 2013, a receita operacional líquida da empresa foi 3,7 bilhões. Nesse mesmo ano, as receitas de exportações de atividades no exterior foram da ordem de 1,7 bilhões. Em 2014, foram 3,4 bilhões.

Observe o Quadro 6.1, que indica a produção de carrocerias no Brasil e nas subsidiárias, por país. Observe que, em 2015, ao contrário de 2014, foram produzidas mais unidades no exterior (10.170) do que no Brasil (9.788).

Quadro 6.1 – Unidades registradas na receita líquida da Marcopolo no Brasil e no exterior

OPERAÇÕES (em unidades)	2015	2014	Var. %
BRASIL			
• Mercado interno	7.876	15.108	(47,9)
• Mercado externo	2.046	2.075	(1,4)
SUBTOTAL	9.922	17.183	(42,3)
Eliminações KDs exportadas [1]	134	311	(56,9)
TOTAL NO BRASIL	9.788	16.872	(42,0)
EXTERIOR			
• África do Sul	343	359	(4,5)
• Argentina – Metalpar (50%)	894	691	29,4
• Argentina – Metalsul (25%)	37	27	37,0
• Austrália	428	435	(1,6)
• Colômbia	769	982	(21,7)
• Egito (49%)	583	383	52,2
• Índia (49%) [2]	5.624	5.346	5,2
• México	1.492	1.619	(7,8)
TOTAL NO EXTERIOR	10.170	9.842	3,3
TOTAL GERAL	19.958	26.714	(25,3)

Nota: (1) KD (Knock Down) = Carrocerias parcial ou totalmente desmontadas; (2) Na Índia, estão somadas as unidades produzidas na fábrica de Lucknow.

Fonte: Marcopolo, 2016.

A teoria comportamental argumentaria que alguns elementos foram importantes na decisão de onde investir: a experiência de exportação da Marcopolo, o assessoramento técnico oferecido aos importadores e a proximidade psíquica. Este último item se observa pelo fato de a primeira fábrica ter sido instalada em Portugal, país que fala português e tem uma afinidade cultural e identitária com o Brasil. Na sequência, foram instaladas fábricas na Argentina, na Colômbia e no México, países latino-americanos com proximidade geográfica e cultural e uma história comum. Somente a partir de 2001, quando a empresa já tinha experiência no setor, a Marcopolo passou a selecionar países com distância psíquica, como China, Índia, Rússia, Austrália e África do Sul (Macadar, 2009).

A entrada da empresa nos mercados exteriores respeitou a sequência de etapas proposta (cadeia de estabelecimento) pela Escola de Uppsala, pois primeiramente iniciou as atividades exportadoras e gradativamente aumentou seu comprometimento com o exterior, nomeando agentes que a representassem. Posteriormente, estabeleceu contratos de licença e assistência técnica, por meio da abertura de *joint ventures* com empresas locais e, na sequência, instalou filiais no exterior (Rosa, 2006).

Com relação ao paradigma eclético de Dunning, a empresa detinha uma série de vantagens competitivas. As vantagens de internalização relacionam-se a instalar fábricas, sem transferir o licenciamento sobre a tecnologia, pois assim ela não perde o controle sobre sua tecnologia. Com relação às vantagens de localização, estas relacionam-se à dispersão de suas filiais no mercado externo, que permite evitar políticas protecionistas e garantir maior acesso à matéria-prima. Por fim, as vantagens de propriedade referem-se ao domínio da tecnologia de ponta, à existência de economias de escala e à marca já reconhecida globalmente (Rosa, 2006).

Portanto, podemos inferir que as teorias comportamentais da Escola de Uppsala e o paradigma eclético de Dunning fornecem elementos centrais para a análise do processo de inserção internacional da Marcopolo. Eles revelam que a empresa se utiliza de suas vantagens de propriedade, internalização e localização; avança seu processo no decorrer de etapas e se comporta com base na distância psíquica.

A Marcopolo perdeu muita relevância como empresa internacionalizada entre 2015 e 2023. No ano de 2021 ela figurava somente como a 13ª. Empresa no *ranking* das empresas mais internacionalizadas. A Marcopolo e a JBS, que será estudada na sequência, decidiram interromper ou reduzir suas operações no exterior nos anos de 2017 e

2018, entre outros motivos pelo baixo desempenho apresentado pela subsidiária; pela alta concorrência no mercado local; pelas dificuldades de expansão; e pelas crise econômica e política vivenciada no Brasil. Embora a Marcopolo tenha perdido importância, em 2018 era a terceira empresa com mais subsidiárias fora do país, totalizando 23, perdendo para a WEG com 29 e para a Stefanini com 39 filiais (FDC, 2018). Em 2023, a Marcopolo era somente a 8ª empresa com maior número de filiais fora do Brasil (FDC, 2023).

6.2 Estudo de caso da internacionalização de uma empresa do setor alimentício: JBS-Friboi

A empresa JBS-Friboi foi a primeira a ingressar no ramo de atividades do setor frigorífico no Brasil, em 1945. Em 2007, tornou-se a primeira empresa do ramo a abrir seu capital na bolsa de valores (JBS, 2015).

Já em 1997, a empresa passou a exportar carnes *in natura*, porém, apenas em 2005 realizou seu primeiro IED. A JBS S.A. adquiriu três plantas da Swift Armour S.A., a maior produtora e exportadora de carne bovina da Argentina, e duas plantas da Companhia Elaboradora de Produtos Alimentícios (Cepa). Por meio dessas compras, passou a controlar 50% do mercado mundial de carnes enlatadas. No ano de 2007, por meio de sua subsidiária Swift-Armour, adquiriu o frigorífico Cold Car, de Córdoba, e uma planta de abate de gado em Buenos Aires. Com isso, passou a atuar com seis unidades na Argentina. Atualmente, também conta com duas fábricas no Paraguai e uma no Uruguai. "No Mercosul, a JBS produz carne bovina no Brasil, Argentina, Uruguai e Paraguai, bem como atua na produção de lácteos no Brasil. Ademais, a JBS produz couros processados no Brasil e ainda outros produtos, tais como produtos de PET, biodiesel, colágeno, higiene e limpeza, entre outros" (JBS, 2015 p. 3).

Após a entrada nos países da América do Sul, foram exploradas outras áreas mais afastadas. Nesse caso, a empresa utilizou financiamento do Banco Nacional de Desenvolvimento Econômico e Social (BNDES), o que reduziu significativamente o risco da atuação internacional. Em 2006, foram incorporadas unidades nos Estados Unidos: a empresa SB Holdings e suas subsidiárias: The Tupman Thurlow, Astro Sale International e Astral Foods. Por meio de um agente, a J&F Participações S.A., a JBS-Friboi adquiriu a americana Swift Food Company, tornando-se JBS USA. Essas aquisições nos Estados Unidos contribuíram para a formação da maior corporação do mundial no setor de alimentos de proteína de origem bovina, além da maior empresa brasileira na área alimentícia e o terceiro maior produtor de carne suína naquele país. No ano de 2009, foi adquirido 64% do capital da norte-americana Pilgrim's Pride Corporation, o que representou a inserção da JBS no setor de aves.

Segundo Carneiro (2011, p. 4),

> Nos Estados Unidos, a JBS possui 31 centros de distribuição, 29 unidades de abate de frango, 13 unidades de confinamento, 8 unidades de abate de bovinos, 3 unidades de abate de suínos, uma unidade de couros, uma unidade de abate de ovinos e uma unidade de processamento de carne bovina e suína. Outros dois países que possuem filiais são o México, com três unidades e Porto Rico, com uma.

Em 2007, a JBS entrou no mercado australiano por intermédio dos direitos que obteve da Swift mundial. Em 2008, adquiriu a australiana Tasman Group. Já em 2010 incorporou a Tatiara Meat Company, por meio de sua filial Swift Australia, o que concretizou o ingresso da empresa no setor bovino do país. Além disso, a JBS adquiriu a Rockdale Beef (Carneiro, 2011).

A JBS ingressou no mercado europeu em 2007, com a compra da italiana Inalca, uma das mais importantes produtoras de carne bovina da Europa, para a qual já era fornecedora. A partir daí, a empresa passou a fornecer carne para o McDonald's e outras companhias de *fast food* na Europa. Nesse momento, ao incorporar a Inalca, a JBS passou a ter acesso à TecnoStar, uma das empresas com maior progresso técnico na área de abate e desossa. Um fato interessante é que, em 2011, ocorreu o fim da sociedade com a Inalca e a compra da maior concorrente italiana, a Rigamonti.

Em 2010, foi aberta uma indústria de hambúrgueres na Rússia, a qual passou a fornecer carne para *fast-foods* de todo o país. A JBS também possui plataformas de distribuição na Inglaterra e na Bélgica, além de mais de quatro mil clientes diretos na Europa.

Nesse contexto, a JBS é considerada uma das empresas brasileiras mais transnacionalizadas. Contudo, ela enfrenta uma série de desafios relacionados a questões jurídicas ou resultantes da diversidade cultural de seus funcionários, as quais são problemas típicos de empresas multinacionais. Veja, na Tabela 6.1, o resultado da receita líquida das diferentes subsidiárias da JBS, com destaque para a JBS Foods, com 28 bilhões de reais em 2015.

Tabela 6.1 – Análise dos principais indicadores financeiros da JBS por unidade de negócio (em moeda local)

Milhões		4T15	3T15	%	4T14	%	2015	2014	%
Receita líquida									
JBS Foods	R$	5.368,8	5.012,2	7,1%	3.649,0	47,1%	18.715,1	12.890,3	45,2%
JBS Mercosul	R$	7.487,6	7.146,9	4,8%	7.545,7	-0,8%	28.622,2	26.191,7	9,3%
JBS USA Carne Bovina	US$	5.250,7	5.750,9	-8,7%	5.923,7	-11,4%	22.134,0	21,625,2	2,4%
JBS USA Carne Suína	US$	1.087,7	785,4	38,5%	964,0	12,8%	3.430,4	3.827,0	-10,4%
JBS USA Frango	US$	1.960,8	2.112,5	-7,2%	2.110,4	-7,1%	8.180,1	8.583,4	-4,7%
JBS Europa		378,1	–	–	372,3	1,6%	–	–	–

Fonte: JBS, 2015, p. 11.

Em termos teóricos, embora o processo de internacionalização da JBS tenha sido rápido, com a teoria comportamental podemos observar que a empresa passou por etapas, iniciando nas exportações até atingir o IED. Diferentemente da Marcopolo, que formou uma série de *joint ventures*, a JBS realizou aquisições e estabeleceu subsidiárias primeiramente nos países vizinhos (do Mercosul), lançando-se posteriormente em outros mercados. Isso é explicado pela Escola de Uppsala, que determina que as empresas se comportam com base na distância psíquica primeiramente buscando mercados mais semelhantes, que era o caso da Argentina, do Paraguai e do Uruguai, e depois com a experiência conquistada, ingressando em mercados mais distantes geográfica e culturalmente.

Com relação às superioridades competitivas, a JBS aproveitou-se de suas vantagens de propriedade, que era a tecnologia que detinha no setor de carnes, a qual foi avançando com suas aquisições, primeiramente na Argentina, quando pôde acessar insumos de excelente qualidade (Fornari, 2010). Aumentou sua vantagem de propriedade adquirindo novas empresas em outros mercados, internalizando a produção e utilizando as vantagens de propriedade nessas regiões (Mercosul, Estados Unidos, Europa e Austrália). Considera-se que a JBS teve uma estratégia mais agressiva ao ingressar simultaneamente no mercado regional, nos Estados Unidos e na Europa.

Segundo Fornari (2010, p. 42),

> A JBS conquistou novos mercados, promoveu a eficiência e adquiriu ativos estratégicos (canais de distribuição e comercialização). Os esforços de internacionalização possibilitaram expandir a carteira de clientes e superar as barreiras comerciais e não comerciais nos maiores mercados consumidores externos, como o europeu, a China e a Rússia. Atualmente a JBS atua com unidades produtivas e canais de distribuição nos cinco continentes, explorando e aumentando as vantagens de propriedade, internalização e localização.

Ademais, "com o processo de inserção internacional a empresa reforçou as vantagens no Brasil e diversificou os seus ativos", atuando também na produção de couros, lácteos e derivados (Fornari, 2010, p. 43).

Entre 2015 e 2021, a empresa JBS Friboi perdeu postos em relação a seu processo de liderança no mercado de carnes. Um elemento importante no processo de internacionalização da empresa foi o apoio do governo, na figura do financiamento fornecido pelo BNDES. Durante o governo Lula, em seu segundo mandato, o governo deixou de ser um simples regulador para operar como indutor de investimentos fora do Brasil, "tornando-se ator decisivo na criação de empresas 'campeãs mundiais', de acordo com declaração do presidente do BNDES, em 2010 Luciano Coutinho" (Almeida, 2009, p. 41). Importante mencionar que até 2005 o grupo JBS-Friboi não contava com nenhuma operação no exterior. Em 2015, era o maior frigorífico do mundo e a empresa mais internacionalizada do Brasil, o que só foi possível com auxílio governamental, com uma política ativa para a internacionalização de empresas, aos moldes do estudado sobre o capitalismo de Estado. Em 2018, apesar de ter perdido relevância internacional, a JBS era a quinta empresa com mais filiais fora do país, totalizando 20 subsidiárias (Rocha, 2003). Importante mencionar que, no *ranking* da FDC, a JBS é a companhia que mais figurou nas três primeiras posições no índice de receitas, totalizando 11 posições.

Em 2021, a JBS era somente a 11ª empresa no *ranking* de internacionalização da Fundação Dom Cabral, tendo perdido vários postos desde 2015. A empresa mais internacionalizada, segundo o *ranking* da FDC de 2021 é a Fitesa, que é líder na indústria têxtil (FDC, 2023). Em 2016, a JBS ainda detinha o maior faturamento entre as empresas internacionalizadas, lugar que manteve durante quatro anos consecutivos, desde 2010 até 2014. Em 2021, a JBS não figura no *ranking* das dez empresas com maior receita.

6.3 Estudo de caso da internacionalização de uma empresa do setor de cosméticos: O Boticário

As grandes empresas de marcas de cosméticos brasileiras que estabelecem franquias são: O Boticário, L'Acqua di Fiori, Natura, Chlorophylla e Água de Cheiro, representando a quase totalidade das vendas nesse mercado (ABF, 2005).

Nos anos 1980, grandes empresas estrangeiras de cosméticos, como a Revlon, abandonaram o mercado brasileiro, e então as próprias empresas brasileiras passaram a ocupar o espaço deixado pelas concorrentes estrangeiras e passaram também a investir na expansão de suas parcelas de mercado. De acordo com Freire (2001, p. 20), "a estratégia de expansão de mercado utilizada pelo Boticário, Água de Cheiro e L'Acqua di Fiori foi o sistema de franquias. Esse sistema era benéfico, em função do custo elevado dos cosméticos e o baixo capital de giro que as firmas detinham". Com o exemplo da empresa norte-americana Avon, a Natura, por sua vez, passou a optar, em 1974, pela estratégia de vendas por meio de consultor de negócio.

Nos anos 1990, o setor de franquias de cosméticos reformulou suas redes, buscando redução de custos e expansão dos lucros, bem como aumento da capacidade de produção. Essa reestruturação teve o objetivo de garantir a competitividade dessas empresas em relação às firmas estrangeiras do ramo (Ribeiro; Melo, 2006).

Por sua vez, O Boticário, empresa fundada em Curitiba, no Paraná, teve um crescimento de sua atuação no mercado brasileiro nos anos 2000. Em 2004, um empresário alemão que vivia no Brasil buscou uma parceria comercial com os Estados Unidos, em Newark. Esse empresário tinha o objetivo de abrir a primeira loja do O Boticário nos Estados Unidos (Ribeiro; Melo, 2006).

A matriz do O Boticário concordou com a criação da loja, desde que não fosse em sistema de franquia, mas como exclusiva da marca. Esse empresário alemão tem hoje 30 pontos de venda da empresa em território norte-americano. As vantagens de se controlar a empresa são autonomia maior pelo proprietário em relação ao planejamento de *marketing*, por exemplo, e pagamento das taxas de franqueamento da loja (Ribeiro; Melo, 2006).

A empresa demonstrou pouco interesse em internacionalizar-se e estabelecer filiais no mercado externo. No que tange às teorias comportamentais, O Boticário passou pelas etapas definidas pelos autores da abordagem eclética de não exportação para exportação de produtos por meio de agentes (responsáveis pela venda de produtos para terceiros em outros países), para depois realizar o IED, ou seja, o estabelecimento de lojas próprias e franquias. Contudo, O Boticário saltou estágios ao perceber o potencial de mercado, indo direto à abertura de franquias, o que é defendido por Walters (1986) em seu estudo sobre as empresas da Noruega e do Reino Unido.

A primeira estratégia internacional do O Boticário fora do Brasil foi o estabelecimento de uma franquia em Portugal, como resposta a pedidos externos, o que comprova a tese de que se busca um local com distância psíquica menor, tendo em conta o mesmo idioma e cultura semelhante. Assim, a decisão de entrar no mercado português não foi tomada a partir da ideia de experiência no mercado, mas da proposta feita por parentes de franqueados no Brasil. Mesmo com muita procura de cidadãos estrangeiros para abrir lojas da marca no exterior, a empresa optava pelo conhecimento do franqueado em relação à sua estratégia. Essa estratégia está relacionada à teoria de redes, que defende que as *"networks* empresariais e pessoais atuam como mediadora na internacionalização, reduzindo o risco das atividades no mercado externo" (Rocha, 2003, p. 126). Esse fato também corrobora a tese da ausência de uma estratégia de internacionalização por parte do O Boticário (Freire, 2001).

No caso da entrada nos Estados Unidos, também houve essa utilização das redes, pois o empresário interessado buscou a empresa e apresentando a proposta. Além disso, a loja foi instalada com o suporte da organização no país de origem, que realizou investimento em *marketing*, sem adaptações do produto ao consumidor local. As próprias funcionárias da loja não receberam aulas de inglês, demonstrando que a busca era por clientes brasileiros que residiam no país.

O Boticário utilizou-se da aliança estratégica em Nova Iorque para diminuir a incerteza das operações de entrada em solo norte-americano. Lembrando que os Estados Unidos impõem muitas barreiras a produtos que podem ter impactos sobre a saúde dos consumidores. Assim, argumenta-se que uma aliança estratégica evita compromissos e responsabilidades futuras que a empresa pode vir a ter. Não observamos a aplicação da abordagem teórica de Dunning, pois não houve estabelecimento de filiais. A empresa não levou em consideração as vantagens de localização.

É importante destacar que existe autonomia entre a matriz brasileira e a loja nos Estados Unidos, portanto, a loja norte-americana define se utilizará as estratégias recomendadas pela matriz nesse mercado. No caso norte-americano, estão sendo pensadas adaptações em inglês nas embalagens e nos rótulos, o que ainda está sendo avaliado. Além disso, a definição de preços é feita no país da empresa, recebendo apenas sugestões da matriz brasileira.

Verificou-se um comportamento retrógrado do O Boticário em relação à sua atuação internacional, uma vez que, mesmo depois de mais de 30 anos no mercado externo, ainda não tem essa atuação como prioridade estratégica. Assim, a empresa opta por estabelecer alianças estratégicas no exterior, o que reduz o risco dos investimentos.

Nesse sentido, em 2021, o Boticário parece ter ficado para trás em seu processo de internacionalização, não figurando entre as 50 empresas mais internacionalizadas segundo o *ranking* de internacionalização da Fundação Dom Cabral, perdendo espaço para as concorrentes como a Natura, que se encontra em 26ª. posição no *ranking* das franquias mais internacionalizadas (FDC, 2021).

6.4 Estudo de caso da internacionalização de uma empresa do setor têxtil médico: Fitesa

Escolhemos estudar a Fitesa porque, desde 2015, ela ocupa o primeiro lugar no *ranking* da empresa mais internacionalizada do Brasil. Em 2021, último dado disponível, a companhia permanecia como a empresa brasileira com maior índice de internacionalização.

A Fitesa atua no setor têxtil há 50 anos, sendo líder na fabricação de descartáveis higiênicos e médicos, com origem no Rio Grande do Sul e matriz localizada em Porto Alegre. O processo de internacionalização da empresa se iniciou nos Estados Unidos e no México em 2009, e desde então a empresa não parou de investir e apostar no processo de internacionalização. Em 2011, a Fitesa se tornou líder global em seu segmento, que é a produção de compostos fibrosos de polipropeno usados pela indústria médica e de higiene pessoal, após a aquisição da inglesa FiberWeb. Essa aquisição, além ter dobrado o faturamento da empresa, permitiu a inserção veloz da corporação nas cadeias globais de valor, por assegurar a ela uma rede de produção, fornecimento e distribuição global (Caseiro, 2014).

Em 2018, a Fitesa possuía unidades próprias em oito países. Nos anos de 2017 e 2018, a empresa diversificou suas operações por meio da aquisição da Pantex Internacional, nos Emirados Árabes Unidos. Nesses anos, a firma instalou novas linhas de produção em dois países, Estados Unidos e Alemanha. Já em 2018, os planos da empresa estavam associados a criação de uma nova unidade de P&D junto à planta dos Estados Unidos para criar produtos e atender às necessidades dos clientes (FDC, 2018). Em 2023, aproximadamente 73% do faturamento da companhia vinha de suas filiais em outros países, demonstrando a relevância da atuação externa para essa empresa. Mesmo a Fitesa tendo origem brasileira, a maior parte de seus ativos se encontra fora do território nacional, mais de 70%.

Podemos afirmar que empresas que entraram em algum novo país buscam ampliar seus mercados de atuação, expandindo-se pela criação de novas subsidiárias (*greenfield*) e por franquias ou adquirindo (total ou parcialmente) *players* já atuantes no mercado-alvo, conforme o paradigma comportamental determina. Nessa seara, a Fitesa adquiriu outra empresa para atuar em um país com uma cultura mais distante e uma distância psíquica maior, os Emirados Árabes, após já ter uma experiência anterior, o que contribui para o sucesso do ingresso em países com culturas mais diferenciadas.

Em 2021, ela ocupava o 1º. lugar entre as empresas internacionalizadas com o maior faturamento e se encontrava em 3º. lugar em 2015, com a Odebrecht em 2º. A Fitesa foi campeã de receitas em 2015, e a Localiza ficou em segundo lugar.

O *ranking* de internacionalização das franquias brasileiras é calculado da seguinte forma: proporção das unidades franqueadas no exterior sobre as unidades totais, somadas as receitas de *royalties* e taxas no exterior sobre as receitas de *royalties* e taxas totais, somadas as receitas de venda de produtos franqueados no exterior sobre as receitas totais de venda de produtos para franqueados.

Em 2021, a empresa com o maior indicador de internacionalização de franquias foi a Fitesa, com o indicador de 0,8, sendo o segundo lugar ocupado pela Artecola, com índice de 0,65, e em terceiro a Metalfrio, com o indicador de 0,641. Isso demonstra que 80% das operações da Fitesa referem-se a suas franquias no exterior. Um elemento que contribuiu para o sucesso da Fitesa mesmo nos anos da pandemia foi que a empresa abasteceu o segmento médico hospitalar, fornecendo 40 milhões de máscaras cirúrgicas e

8 milhões de aventais médicos por mês em 2020. Em 2023, a Fitesa ocupava o 3º. lugar entre as empresas com maior valor internacional (FDC, 2023).

6.5 Estudo de caso da internacionalização das fintechs *brasileiras*

O processo de evolução das tecnologias da informação nas últimas décadas possibilitou a emergência de novos tipos de empresas, que passaram a desafiar as tradicionais ou até mesmo construir novos mercados, com exemplos muito comuns no cotidiano, como Uber, iFood, Spotify e Airbnb (Schneider et al., 2021). Esses tipos de empresa são características da chamada *economia do compartilhamento*, cuja ideia é oferecer serviços de maneira mais acessível em diversas áreas, como transporte, hospedagem, plataformas de música etc. Nas palavras de Tom Slee, "a Economia de Compartilhamento é uma onda de novos negócios que usam a internet", com a finalidade "de conectar consumidores com provedores de serviços para trocas no mundo físico" (Slee, 2017 p. 33). Portanto, no campo de aluguéis de curta duração, viagens de carro ou tarefas domésticas essa modalidade da economia seria algo promissor para os usuários, que precisam se conectar a determinados serviços.

A economia do compartilhamento se baseia na ideia de oferecer trabalho e serviços sem se submeter as regras trabalhistas ou ao sistema de tributação e à legislação vigente, o que por um lado gera benefícios, como serviços baratos e trabalho a cidadãos desempregados, por outro lado promove violações de direitos trabalhistas, pois o discurso da flexibilização não necessariamente condiz com a realidade dos trabalhadores envolvidos (Slee, 2017). Porém, resguardados os desafios, as plataformas digitais que permitem trocas de serviços fazem parte do nosso cotidiano e penetraram nossa realidade de um modo muito intenso. As empresas que atuam nesse setor são conhecidas como *empresas plataformas* (EP) e podem ser entendidas como negócios baseados em tecnologia e voltados a unir e facilitar a interação de diferentes tipos de usuários por meio de uma plataforma virtual (Simões, 2018). Do mesmo modo, o setor financeiro e bancário observou a emergência das *fintechs*, que são empresas inovadoras, normalmente *startups* baseadas em tecnologia, que passaram a comercializar serviços e produtos inovadores, os quais desafiam a lógica tradicional destes mercados de serviços (Schneider et al., 2011).

De acordo com Lima (2019), os produtos comercializados pelas *fintechs* são diversificados. Podemos mencionar a gestão de contas, investimentos, poupanças, pagamentos, transferências, empréstimos *crowdfunding*, seguros, entre outros. Em termos de classificação, as *fintechs* podem ser do tipo complementares ou substitutas (Romanova; Kudinska, 2016).

E por que as empresas plataformas têm predisposição à expansão internacional? Segundo Lima (2019), porque têm poucos ativos físicos e já dispõem de uma base tecnológica, o que facilita sua atuação internacional, sem precisar estabelecer necessariamente filiais em outros países. Por que as *fintechs* ganharam espaço em comparação às empresas tradicionais? Por várias razões, como confiança, mas o argumento mais central é de que essas plataformas possibilitam aos clientes consumirem somente os produtos que desejam sem que seja necessário pagar por outros que não têm valor para eles, isto é, existe uma personalização dos serviços comercializados, que deixam de ser vistos como massificados. Lee e Shin (2018) denominam essa concepção de *unbundle* e a consideram o "o principal motor do crescimento no setor de FinTech", o que as coloca em vantagem em relação às empresas tradicionais. De acordo com Lima (2019, p. 10) "elas ainda podem se diferenciar na maneira como interagem com seus clientes, processam os dados disponíveis e monetizam seus negócios". No Brasil, alguns bancos e empresas que prestam serviços financeiros como as corretoras passaram a atuar nesse setor e buscaram processos de internacionalização, usando plataformas virtuais.

Essas empresas não atuam sozinhas, mas inseridas em um ecossistema em que operam diversos atores, quais sejam, governo, clientes, instituições tradicionais, desenvolvedores de *software* e as próprias *fintechs*. Uma categoria particular de *fintech* que adota uma estrutura tecnológica com vistas a elevar seu valor em um local virtual compartilhado são as *fintechs* plataformas. Dois exemplos dessa categoria são a Funding Circle, que oferece empréstimos P2P, e a Transferwise, de transferências de fundos em países diferentes, com taxas menores, que se tornou Wise e em 2023 era uma das empresas que fornecia o serviço de cartão internacional de débito com IOF mais baixo e taxas de câmbio mais competitivas.

Correlacionando com o modelo da Escola Nórdica de internacionalização estudado no Capítulo 3 e com o modelo de redes, percebemos que o sucesso da internacionalização de uma empresa está associado às redes estabelecidas, sendo condição essencial, embora não única, para assegurar lucro e valor de mercado internacional. É determinante que essa empresa se torne uma *insider* no ecossistema em que atua, ou seja, que atinja o estado de "internacionalizada entre os outros", pois uma "internacionalizada solitária" dificilmente terá êxito em suas atividades externas.

Sobre os desafios que uma *startup* enfrenta para se projetar em outros mercados Bernardo Brites, que é CEO da Trace Finance, que recebeu de aporte de R$ 22,3 milhões, ofereceu entrevista para a Forbes explicando a estratégia de atuação global de empresas em estágio inicial. Ele afirma que existem oportunidades e obstáculos, porque, por mais que haja caminhos já estabelecidos, estes seriam caros. Como vantagem, Brites (2022) pontua que "com modelos cada vez mais escaláveis e focados no digital, diversas empresas optam por escalar internacionalmente desde o início, não sendo limitadas geograficamente". A respeito dos desafios, Brites (2022) assinala que

> além de abrir a empresa lá fora, que é um processo caro e demorado, ainda é necessário conseguir acesso à conta bancária nos EUA e ao câmbio para mover os recursos entre o exterior e o Brasil. Escalar a operação em outro país também é um desafio enorme, pois muitos fundos que investem em startups brasileiras o fazem com a premissa de expansão internacional, principalmente para o resto da América Latina. Só que a infraestrutura bancária, regulatória e o mercado não são os mesmos. Por isso, uma startup brasileira que quer expandir para o México, chega a esperar meses pela abertura de uma conta bancária.

Por ser um processo dispendioso, Brites indica que as empresas escolhem se inserir em mercados externos normalmente depois de um aporte de pelo menos um milhão de dólares, que é necessário tanto para o desenvolvimento de uma estrutura com vistas a receber mais investimentos de fundos e bancos internacionais quanto para expandir as atividades em outros países (Brites, 2022).

Lima (2019) apontou que as *fintechs* plataformas brasileiras que já haviam iniciado seu processo de internacionalização eram sete, quais sejam: Ebanx, SalaryFits, BeeTech, ExchangeNow, XPI Investimentos, Creditas e Warren. O pesquisador se debruçou sobre o estudo de duas delas, a SalaryFits e a Warenn, por falta de acesso a documentos das demais empresas citadas.

De acordo com Lima (2019), essas organizações se encontram em estágios de maturidade bastante diferenciados, pois a SalaryFits tem operações há mais de 15 anos e atua internacionalmente em vários mercados, já a Warren iniciou suas atividades nos Estados Unidos, ao contrário da SalaryFits que já começou nesse país, para depois atuar unicamente no Brasil como estratégia de inserção no mercado brasileiro.

A SalaryFits é considerada uma das *fintechs* plataformas brasileiras mais transnacionalizada, tendo surgido com um *spin-off* para o mercado europeu e indiano da brasileira Zetra, fundada em 2000, em Minas Gerais. Essa empresa oferece ao setor de recursos humanos de empresas uma plataforma de benefícios com desconto em folha de pagamento.

A primeira ação internacional da SalaryFits foi a entrada no México, em 2015, reforçando a ideia da proximidade psíquica, para, no ano seguinte, depois de ter adquirido mais maturidade, ter acessado o mercado europeu. Em 2019, a empresa tinha operações em Portugal, Itália (onde ingressou em 2023) e Reino Unido. Em 2016 também ocorreu a entrada na Ásia, com operações na Índia. É necessário mencionar que a companhia dispõe de escritórios físicos administrativos em todos os mercados em que atua. A Zetra, que é a empresa mãe da SalaryFits é líder do mercado de crédito com descontos no recibo de vencimentos através da plataforma própria da eConsig.

A Warren é um estudo de caso interessante, pois fez o movimento contrário da SalaryFits. A Warren é uma plataforma de investimentos brasileira, mas que foi lançada nos Estados Unidos por três brasileiros com experiência no mercado de investimentos do Brasil. Contudo, desde 2016 a Warren atua exclusivamente no mercado brasileiro; o plano inicial era operar somente no mercado dos Estados Unidos, mas houve uma alteração no planejamento. Em razão de mudanças na legislação no mercado brasileiro, esse pareceu promissor, o que levou à mudança de objetivos, focando somente no Brasil a partir de 2016. De acordo com Lima (2019), a firma passou de uma gestora que atuava com distribuição dos fundos aos usuários finais, sendo apenas administradora da plataforma, para uma corretora completa, oferecendo um portfólio diversificado de investimentos. Em 2019, a empresa tinha 120 mil clientes e uma carteira de investimentos de cerca de 60 milhões de euros, com operações em Porto Alegre e São Paulo.

A respeito da aplicação do modelo de redes para entender as decisões de internacionalização, Lima (2019, p. 24) concluiu que as redes não foram decisivas para a SalaryFits "porque as decisões tomadas baseiam-se na prospecção de mercados que tenham características onde o seu produto âncora possa ter sucesso e porque a empresa não prevê a possibilidade de seus vínculos atuais poderem ativar efeitos de rede nos novos mercados".

Segundo Lima (2019, p. 24), quando se estuda a Warren, os vínculos da rede tiveram um peso maior, porque

> reconhecendo a limitação quanto à possibilidade de efetivação dos efeitos de rede visto a empresa não ter uma base de usuários quando decidiu alterar o seu mercado, podemos concluir que os vínculos que existiam na forma dos conhecimentos dos sócios sobre o funcionamento do mercado brasileiro serviram para identificação de novas oportunidades e para convencimento de que elas poderiam ser exploradas com sucesso. Assim, por uma razão que não a possibilidade dos efeitos de rede, os vínculos tiveram influência.

Um elemento importante para a discussão é que o fato de essas empresas operarem em base tecnológica "facilita a internacionalização das FinTechs Plataforma, por este processo ser essencialmente a replicação e adaptação de um modelo tecnológico para outros ambientes" (Lima, 2019, p. 30). Porém, devemos pontuar que essa facilidade está condicionada às capacidades adaptativas de cada *fintech* plataforma aos novos ecossistemas em que se inserem, sobretudo, em questões legislativas, regulatórias ou culturais e de moldarem de modo eficaz seus sistemas próprios às demandas dos novos mercados e dos novos clientes, o que exige equipes altamente capacitadas. Portanto, embora a tecnologia colabore com a internacionalização, existem aspectos secundários relevantes, como contar com pessoal preparado para adequar a plataforma a outras realidades.

6.6 Análise histórica da transnacionalização das empresas brasileiras até 2023[1]

De acordo com Caseiro (2014, p. 1), "após a abertura da economia brasileira, na década de 1990, as empresas brasileiras ampliaram o seu o processo de internacionalização". Vamos apresentar agora o caso de investimento produtivo no exterior, isto é, a evolução histórica dos IEDs das empresas brasileiras.

Caseiro (2014) defende que o processo de evolução histórica da expansão externa das empresas brasileiras pode ser dividido em três etapas. A primeira etapa, entre 1960 e 1982, concentrava-se sobretudo na Petrobras, em bancos e em empresas de engenharia e construção, que almejavam o mercado externo para garantir sua sobrevivência em razão da paralisação dos investimentos públicos em grandes obras (como foi o caso de Itaipu, Tucuruí e Carajás). A segunda etapa, entre 1983 e 1992, representou apenas 2,5 bilhões de dólares no exterior nos últimos três anos. A terceira etapa, que vai de 1993 até 2018 aproximadamente, quando a economia brasileira passou por um processo de crise, é definida pela expansão quantitativa do IED brasileiro, sobretudo nos países do Mercosul.

Já em 2023, a realidade da internacionalização de empresas se alterou muito após a crise pandêmica de 2020, que fez muitas filiais encerrarem suas atividades. A partir dos anos 2022-2023, percebe-se um otimismo maior em relação à estratégia de internacionalização, como fruto da estabilidade política maior após as eleições e a retomada do crescimento, que gerou um clima mais favorável para o planejamento estratégico externo.

Caseiro (2014) destaca que, nos anos de 1995 e 1996, a média anual de IED brasileiro no exterior era de 1,3 bilhão de dólares e alcançou 3 de dólares bilhões em 1998. No ano de 2004, esse valor

---

[1] Texto elaborado com base na obra *Internacionalização de empresas brasileiras: estratégias e alternativas de política industrial* (Caseiro, 2014, p. 1-6).

foi de 9,5 bilhões de dólares, aumento relacionado à compra da Interbrew pela Ambev e à expansão de empréstimos de companhias brasileiras concedidos às suas afiliadas no exterior. Apresentamos alguns exemplos, a título de ilustração, de empresas brasileiras que abriram que escritórios em outros países e realizaram aquisições ou fusões nos anos 2000.

Em 2006, a empresa Vale do Rio Doce comprou a mineradora canadense Inco por 18 bilhões de dólares. Nesse mesmo ano, a Companhia Siderúrgica Nacional (CSN) empreendeu a fusão de suas atividades no Estados Unidos com a siderúrgica Wheeling Pittsburgh (Caseiro, 2014).

No ano seguinte, 2007, a Gerdau pagou 6,3 bilhões de dólares na compra de 12 empresas, o maior valor desde o início de seu processo de internacionalização. Uma dessas aquisições de empresas foi a norte-americana Quanex (Macsteel), a segunda maior fornecedora de aços longos para o setor automobilístico nos Estados Unidos, por 1,6 bilhão de dólares. Outra empresa adquirida foi a Chaparral Steel, a segunda maior produtora de aço da América do Norte, pelo valor de 4,22 bilhões de dólares. Observamos, nesse sentido, um crescimento desde 2006 da inserção das empresas brasileiras no mercado externo, embora esse ingresso tenha sido tardio.

Em 2008, existiam 32 multinacionais brasileiras, ao passo que em 2006 havia 24, dado que revela um aumento constante. Entre 2006 e 2008, as multinacionais brasileiras fizeram investimentos na ordem de 36,5 bilhões de dólares no exterior, um montante que é maior que o acumulado dos 12 anos anteriores (FDC, 2015).

No *ranking* das 100 empresas de países em desenvolvimento candidatas a enfrentar os principais líderes globais, formulado pelo Boston Consulting Group, 14 são brasileiras; 36, chinesas; e 20, indianas. As que estavam nessa lista em 2009 eram: a Vale, a WEG e o Grupo Camargo Corrêa, a Embraer, a Gerdau, o Grupo Odebrecht, o Grupo Votorantim, a JBS-Friboi e a Marcopolo. A Vale foi fundada em 1942 pelo governo e passou a se internacionalizar após sua privatização em 1997. A empresa diversificou os mercados e expandiu o *portfolio* de produtos, que antes era concentrada em minérios de ferro e manganês. Tem operações em várias partes do mundo, por meio de pesquisas e da inserção de escritórios (Caseiro, 2014). A empresa WEG foi fundada em 1961 e exerce operações em mais de 100 países. É uma das maiores produtoras de motores elétricos do mundo e a maior da América Latina. Em termos de instalações, a firma conta com 8 unidades no Brasil, 3 na Argentina, 2 no México, 1 na China e 1 em Portugal (Caseiro, 2014).

Por sua vez, o Grupo Camargo Corrêa foi fundado em 1939 com atividades no setor de construção. A empresa participou de grandes obras nacionais, a exemplo da Ponte Rio-Niterói, da Rodovia Transamazônica e do trecho norte-sul do metrô de São Paulo. A empresa iniciou suas atividades internacionais com a construção da Usina de Guri, na Venezuela, em 1978. Atualmente, opera em 20 países e está estruturada nos setores de engenharia e construção; cimentos; calçados, têxteis e siderurgia; concessões; incorporação, meio ambiente e corporativa (Caseiro, 2014).

Tendo em conta o processo histórico de inserção externa das empresas brasileiras mais internacionalizadas, torna-se fundamental analisar como eram seus números de lucratividade e filiais em 2016. A Fundação Dom Cabral desenvolveu um indicador multidimensional de internacionalização das empresas, que leva em conta a quantidade de ativos, as receitas e os funcionários no exterior, em comparação com o valor total de ativos, receitas e funcionários (FDC, 2015).

Com base nessa metodologia, foi criado um *ranking* das empresas brasileiras mais internacionalizadas em 2015, sendo a mostra formada por 63 companhias. Foi considerado também o grau de adaptabilidade das empresas ao país de ingresso. Por ordem, as dez empresas mais internacionalizadas foram: 1) Fitesa, 2) Construtora Norberto Odebrecht, 3) InterCement, 4) Gerdau, 5) Stefanini, 6) Marfrig, 7) Artecola, 8) Metalfrio, 9) CZM e 10) JBS.

A Marcopolo ocupou a 16ª posição. Quanto ao número de países em que atuam, as cinco empresas presentes em um maior número de países, em ordem, foram a Andrade Gutierrez, a Stefanini, a WEG, a Vale, a Marcopolo e o Banco do Brasil. Em sexto lugar encontra-se a Natura, que se tornou uma importante concorrente de O Boticário no âmbito externo, mas que prioriza franquias, diferentemente de O Boticário (FDC, 2015).

Com relação aos maiores destinos das empresas brasileiras, os cinco países com a maior quantidade são Estados Unidos (40 firmas), seguido de Argentina (34), México (26), Chile (25), Colômbia (25) e Peru (22), revelando que as empresas optaram por se internacionalizar nos países da América Latina, o que indica que a distância psíquica foi considerada. A China ocupa a sexta posição (21), atrás do Uruguai (22), sendo o país fora das Américas com a maior quantidade de empresas brasileiras instaladas (FDC, 2015).

Em 2021, a Fundação Dom Cabral lançou indicadores mais atualizados sobre a internacionalização de empresas brasileiras. No quesito faturamento anual de até 1 bilhão de reais, as três empresas com maior índice de internacionalização são a Artecola Química em primeiro lugar, uma empresa que trabalha com adesivos e laminados especiais, com indicador de 0,656. Em segundo lugar figura a CZM, que é uma empresa de equipamentos para fundação, com índice de 0,603. Em terceiro lugar, com um indicador de internacionalização bem abaixo das demais, de 0, 271, está a Madem, que é líder mundial na fabricação de bobinas de madeira para indústrias de cabos elétricos. Esses indicadores revelam um dado preocupante: o baixíssimo índice de internacionalização das empresas brasileiras de menor porte em 2021, que é muito menor que nos anos 2015. Podemos incluir como fatores explicativos desse declínio a pandemia e os efeitos devastadores das crises política e econômica iniciadas em 2018. Ademais, durante o governo Bolsonaro houve pouco estímulo para o IED brasileiro.

Sobre o *ranking* de 2021, algumas estatísticas podem ser destacadas. A Gerdau foi a empresa brasileira que mais esteve presente nas três primeiras colocações do *ranking* pelo grau de internacionalização, tendo totalizado nove primeiras colocações. No *ranking* pelo índice funcionários, a Gerdau foi a que mais esteve presente nas três primeiras colocações, com um total de seis pódios.

Já a Stefanini é a empresa que mais esteve presente nas três primeiras colocações do *ranking* pelo índice ativos, com oito pódios no total. A Stefanini, a Vale e a WEG são as empresas que mais estiveram presentes em uma das três posições de liderança do *ranking* pelo número de países, totalizando seis pódios cada.

Por sua vez, A Minerva Foods foi a empresa que mais esteve na primeira posição do *ranking* pelo índice de ativos, com quatro primeiros lugares ao longo dos anos. Quando se trata de franquias, a Localiza foi a empresa que mais esteve presente nas posições de liderança do *ranking* pelo grau de internacionalização de franquias, com oito posições de pódio, incluindo em 2023. A CZM é a empresa que mais esteve presente nas posições de liderança do *ranking* das empresas com faturamento anual de até 1 bilhão de reais, totalizando quatro primeiras posições de pódio. Por último, a Metalfrio é a empresa que mais esteve em primeiro lugar no *ranking* das empresas com faturamento anual de até 1 bilhão de reais, com três primeiros lugares (FDC, 2021).

Em 2023, foi lançado um novo relatório da Fundação Dom Cabral, reunindo uma amostra maior do que das edições anteriores, de 236 empresas. Nesse ano, foram incluídas empresas com presença virtual no exterior, acesso ao mercado de capitais, como as *fintechs* e equipes de P&D em trabalho remoto, demonstrando uma atualização dos serviços estudados. A respeito das características das empresas estudadas, mais da metade tem sede na região Sudeste e cerca de 40% têm matriz em São Paulo. A região Sul concentra 40% das matrizes, sobrando apenas 20% para o restante do país, demonstrando uma concentração geográfica significativa.

Existe uma dispersão das atividades realizadas pelas empresas, porém os setores que envolvem qualquer tipo de fabricação estão sob a categoria de indústria de transformação, que representa cerca de 50% das seções das empresas da amostra. O comércio é a atividade líder, representando 16,5%. Em segundo lugar está a fabricação de máquinas e equipamentos, que é a atividade realizada por 10,2% das firmas analisadas, e em terceiro está a fabricação de alimentos, com 7,1% das empresas se dedicando a essa tarefa.

O documento apontou que quase 80% da amostra se internacionalizou após os anos 2000, mesmo que as empresas tenham sido fundadas antes disso, sendo na virada do século a consolidação da internacionalização. A respeito do primeiro país em que isso ocorre, os três principais estão no continente americano: Estados Unidos, Argentina e Paraguai, o que evidencia a escolha de locais com distância psíquica menor, por terem cultura semelhante e pela proximidade geográfica, no caso da Argentina e Paraguai.

Com relação ao tempo para esse processo, a maioria das empresas leva cerca de 20 anos para se projetar internacionalmente. Existem as empresas *Born Globals,* que nascem com foco no mercado externo e realizam sua internacionalização em menos de um ano de sua fundação, e também as *startups,* que se internacionalizam rápido, em média em quatro anos depois de sua criação.

No relatório de 2023, a FDC desenvolveu uma metodologia inovadora, que altera a concepção do que é uma empresa internacionalizada, não ficando estática apenas na ideia de atuação direta no exterior através de subsidiárias. Isso em virtude de um contexto marcado pelas transformações digitais e pela existência de uma diversidade maior de formas de atuação internacional que não as tradicionais. Entre essas atividades, podemos mencionar a presença virtual, por meio de aplicativos, plataformas digitais e impressão 3D, que contribuem para uma inserção mais ampla das companhias no exterior, mesmo sem o estabelecimento de filiais. Portanto, foram incluídos nos cálculos dos índices novas formas de internacionalização, além de uma métrica que avalia o potencial de criação de valor internacional, ou seja, de obter vantagens a partir de sua internacionalização. Torna-se fundamental identificar as empresas que tem bons resultados ao se preparem bem para o processo, alinhando a internacionalização do planejamento estratégico da empresa. Foi desenvolvido o índice de criação de valor internacional, que é formado por seis dimensões: (i) objetivos de internacionalização (OI); (ii) proposta de valor (PV); (iii) modelo de negócios; (iv) modelo organizacional (MO); (v) talentos e liderança (TL) e (vi) gestão de *stakeholders* (GS), conforme imagem a seguir.

Figura 6.1 – Índice de criação de valor internacional

$$\left\{ \frac{OI + PV + MN + MO + TL + GS}{6} \right\}$$

Fonte: FDC. 2023, p. 20.

Cada uma dessas dimensões tem indicadores que são avaliados em uma escala de 1 a 5, indicando o estágio e maturidade da empresa no processo de internacionalização, revelando os seguintes possíveis resultados para cada empresa: (1) foco no mercado doméstico; (2) consciência dos benefícios/intenção de se internacionalizar; (3) internacionalização pontual; (4) internacionalização profissional; (5) *player* global.

No que tange aos resultados levantados, segundo o estudo sobre os objetivos de internacionalização, 33,9% das empresas (um terço) têm metas de ter mais do que 30,1% do faturamento proveniente de negócios internacionais nos próximos dois anos. Ademais, para 50,9%, mais da metade a internacionalização é uma visão compartilhada por todos os acionistas, executivos e colaboradores. No *ranking* geral de criação de valor internacional as *top* três empresas foram a Stefanini, Artecola e WEG. A Fitesa ocupou a 5ª posição em 2023, atrás da Fastdezine.

No *ranking* de proposta de valor de internacionalização aparecem cinco empresas ocupando a primeira posição, que são CZM, Gerdau, Sabó, Vale e JBS. No *ranking* específico dos modelos de negócios da internacionalização estão no *top* três: CZM, Artecola e Fitesa. No que tange ao número de países de atuação, ou seja, quantidade de países com subsidiárias produtivas aparecem nas primeiras posições a Stefanini (1º lugar), JBS e WEG (empatadas em 2º lugar). A Fitesa ocupa a 3ª posição, e o Banco do Brasil S.A., a 4ª posição.

Sobre a percepção das empresas sobre a situação econômica do país, a maioria das empresas afirmou que os resultados melhoraram nos últimos dois anos. No Brasil, essa melhora foi um pouco maior no que no exterior: 57,9% alegam melhoras no Brasil, enquanto 54,6% alegam melhoras no exterior. No que tange aos investimentos, 56,9% das empresas aumentaram seus investimentos no Brasil, e 45,1% das empresas aumentaram investimentos externos nos últimos dois anos. Sobre a entrada em novos mercados, cerca de metade das empresas participantes (51,5%) iniciou operações em novos mercados nos últimos dois anos, o que segundo o relatório da FDC (2023, p. 57): "mostra que, ao mesmo tempo em que a pandemia do Covid-19 impôs desafios para a mobilidade internacional de pessoas e produtos/serviços, por outro lado, intensificou as oportunidades trazidas pela transformação digital para diversificação das formas de atuação no exterior e melhoria da gestão internacional".

A respeito de perspectivas futuras 64,4% das empresas planejam ampliação ou grande expansão nos mercados em que já atuam nos próximos dois anos, o que denota que as firmas identificam oportunidades de crescimento nesses mercados. Por sua vez, 68,9% planejam entrar em novos mercados, o que reforça a tendência de continuidade da projeção internacional das empresas brasileiras.

De modo geral, o documento da FDC (2023) concluiu que as firmas parecem mais preparadas para o processo de internacionalização.

"Ao mesmo tempo em que elas se internacionalizam hoje com uma velocidade muito maior, impulsionadas muitas vezes pela transformação digital, elas também fazem os movimentos internacionais de forma mais integrada aos seus objetivos estratégicos, com metas muitas vezes ambiciosas" (FDC, 2023, p. 60).

Conforme o estudo, para atingir os propósitos e aproveitar as oportunidades, é exigido das companhias

> Ter um bom conhecimento dos mercados-alvo, mapear e suprir as lacunas da cadeia de valor internacional, destinar recursos e estruturas para suportar o crescimento no exterior, capacitar as equipes que atuarão com a internacionalização, ampliar o engajamento com diferentes stakeholders e desenvolver uma estratégia global de sustentabilidade serão fundamentais para melhor inserção e competitividade das empresas brasileiras no mercado global. (FDC, 2023, p. 60)

Síntese

Neste capítulo, apresentamos cinco estudos de caso de internacionalização de empresas brasileiras de diferentes setores: a Marcopolo, do setor de transportes; a JBS-Friboi, do setor alimentício; O Boticário, do setor de cosméticos; a Fitesa, do setor têxtil médico; e algumas *fintechs* plataformas, a SalaryFits e a Warren.

Observamos as similaridades e as diferenças nos processos de inserção internacional dessas três empresas, aplicando os pressupostos teóricos apresentados no Capítulo 3 desta obra.

A JBS teve um processo de internacionalização intenso e exitoso. A empresa ingressou no mercado externo por meio da aquisição de ativos estratégicos, como canais de distribuição e comercialização. Depois, expandiu sua produtividade e reforçou sua competitividade no Brasil. Além disso, estabeleceu filiais inicialmente nos países vizinhos e depois entrou outros mercados, com distância psíquica maior.

Por sua vez, a Marcopolo, estabeleceu uma série de *joint ventures*, o que reduziu os custos do processo de internacionalização.

Diferentemente da Marcopolo e da JBS-Friboi, percebemos que a empresa O Boticário não tem uma estratégia bem-definida para ingressar no mercado externo, optando por franquias, e não pelo estabelecimento de filiais. A decisão de investir em Portugal e nos Estados Unidos esteve ligada à distância psíquica reduzida e ao conhecimento do franqueado em relação à estratégia da firma. O grupo claramente aproveitou-se de suas redes empresariais para estabelecer lojas fora do país, diminuindo os riscos da inserção externa.

A Fitesa apresentou um movimento de internacionalização vinculado à estratégia de aquisição e de aproveitamento das redes, tornando-a líder no mercado de descartáveis médicos e higiênicos após uma aquisição internacional. Em 2021, a Fitesa era a firma brasileira com maior índice de internacionalização desde 2015, ampliou seu mercado, aproveitando suas vantagens e aumentando gradativamente a distância psíquica das operações externas, quando entrou no mercado dos Emirados Árabes, mitigando riscos e expandindo a chance de êxito no exterior.

Quando tratamos das *fintechs* plataformas, que compõem a economia de compartilhamento e explodem em quantidade com o avanço das tecnologias de informação nos últimos anos, percebemos que o fato de serem do setor tecnológico e de prestação de serviços favoreceu o processo de internacionalização desse tipo de empresa, mas não eliminou as dificuldades, como os custos elevados e a necessidade de uma equipe preparada para a se adequar às dinâmicas dos novos mercados. A respeito dos dois casos estudados, da SalaryFits e da Warren, percebemos que a primeira notou que poderia se aproveitar de vantagens associadas aos vínculos criados nas redes para se inserir internacionalmente nos Estados

Unidos, no Reino Unido e, mais recentemente, na Itália. Por sua vez, a Warren desenvolveu a estratégia contrária, pois foi lançada nos Estados Unidos e sofreu uma mudança de rota, passando a se dedicar unicamente ao mercado de investimentos no Brasil, sem se aproveitar tanto da influência das redes preestabelecidas para assegurar o sucesso das operações no mercado brasileiro.

Por fim, a respeito do avanço histórico da internacionalização das empresas, concluímos que o processo se acentuou com a explosão do neoliberalismo na virada do século XX para o XXI, sofreu um declínio entre 2015 e 2021, em razão de crises políticas, econômicas e sanitária e voltou a crescer entre 2022-2023 como consequência de uma retomada do crescimento da economia e de uma estabilidade política maior no país.

Questões para revisão

1. Apresente a análise da inserção externa da Marcopolo, aplicando a teoria econômica da internacionalização.

2. Disserte sobre o processo de expansão internacional da JBS sob a perspectiva das abordagens econômica e comportamental.

3. Analise o caso de internacionalização de O Boticário com base na vertente econômica e comportamental da internacionalização.

4. Avalie as afirmativas a seguir sobre a economia de compartilhamento.

    I. As empresas atreladas a economia de compartilhamento, como o Spotify, a Uber e o Airbnb não constroem novos mercados e não desafiam regras tradicionais, podendo apenas elencar os benefícios trazidos, sem qualquer custo econômico para a sociedade.

II. A economia do compartilhamento baseia-se na concepção de oferecer serviços de maneira mais acessível em diversas áreas, como transporte, hospedagem, plataformas de música, conectando conectar consumidores com provedores de serviços que estariam dispersos sem as plataformas.

III. As empresas que atuam nesse setor são conhecidas como *empresas plataformas* (EP) e podem ser entendidas como negócios baseados em tecnologia e voltados a unir e facilitar a interação de diferentes tipos de usuários por meio do uso da internet.

Estão corretas as afirmativas:

a. Apenas II.
b. II e III.
c. Apenas I.
d. I e II.
e. I, II e III.

5. "Essas empresas são inovadoras, normalmente *startups* baseadas em tecnologia, que passaram a comercializar serviços e produtos inovadores, os quais desafiam a lógica tradicional destes mercados de serviços".

A quais empresas a descrição se refere?

a. Empresas em redes.
b. Empresas *born globals*.
c. *Fintechs*.
d. Corporações transnacionais.
e. Corporações da economia de compartilhamento.

6. Avalie as afirmativas a seguir sobre as *fintechs* plataformas, marcando V para as verdadeiras e F para as falsas.

( ) Os produtos comercializados pelas *fintechs* são diversificados, como a gestão de contas, investimentos, poupanças, pagamentos, transferências, empréstimos *crowdfunding*, seguros, entre outros.

( ) As empresas plataformas têm predisposição à atuação internacional por contarem com poucos ativos físicos e já disporem de uma base tecnológica,

( ) Um dos elementos que impede o crescimento das *fintechs* em comparação às empresas tradicionais é a baixa confiança e credibilidade, além de fornecerem poucos serviços personalizados, sendo em sua maioria massificados.

( ) Dois exemplos importantes das *fintechs* plataformas são a *Funding Circle*, que oferece empréstimos P2P, e a *Wise*, que atua na transferências de fundos em países diferentes, com taxas de corretagem menores.

Assinale a alternativa que corresponde à sequência correta:

a. V, V, F, V.
b. V, V, F, F.
c. F, V, F, V.
d. V, F, F, V.
e. V, F, V, V.

Questões para reflexão

1. Do seu ponto de vista, a inserção internacional das empresas brasileiras revela um padrão? Quais são os obstáculos enfrentados por elas para sua internacionalização desde a virada do século até os anos 2023? Existem perspectivas de expansão das atividades internacionais dessas firmas brasileiras?

2. Escolha uma empresa brasileira que se internacionalizou, que seja diferente dos casos estudados neste capítulo, e faça a aplicação teórica das correntes econômica e comportamental para explicar o processo. Concentre-se na história da empresa e nas estratégias de internacionalização adotadas. Você pode usar o exemplo da Havaianas, da Embraer, entre outros.

Para saber mais

DALLA COSTA, A. J.; SANTOS, E. R. de S. **Estratégias e negócios das empresas diante da internacionalização**. Curitiba: Ibpex, 2011.

Essa obra foi desenvolvida por professores renomados na área de internacionalização e apresenta uma visão global sobre esse fenômeno. Além disso, propõe reflexões teóricas e empíricas importantes sobre o processo de inserção internacional de empresas brasileiras, aplicando as teorias apresentadas a estudos de caso.

Considerações finais

Nesta obra, apresentamos a você o crescimento e a importância das empresas transnacionais a partir da segunda metade do século XX. Aqui, aprofundamos o debate sobre as definições de empresas multinacionais e transnacionais, bem como sobre o desenvolvimento histórico da globalização e da internacionalização de empresas. Além disso, abordamos as estratégias adotadas pelas empresas para alcançar seus objetivos de internacionalização, com diferentes modalidades de atuação internacional e formas variadas de contato com suas subsidiárias.

Ademais, verificamos os impactos dessas empresas sobre as relações internacionais e a concentração de poder sobre a transferência de tecnologia, bem como suas repercussões sobre o mercado internacional e sobre os países receptores, em termos não apenas econômicos, mas também sociais e ambientais.

No primeiro capítulo, contextualizamos o processo histórico da globalização, que permitiu o crescimento dessas empresas, assim como apresentamos a definição de capitalismo de Estado e os impactos desse tipo de Estado para a internacionalização de firmas estatais.

No segundo capítulo, estudamos as definições centrais de empresas multinacionais e transnacionais.

No terceiro capítulo, apresentamos as principais correntes teóricas que analisam o processo de internacionalização de empresas.

Por sua vez, no quarto capítulo, investigamos as estratégias das multinacionais e a função das subsidiárias, bem com os diferentes aspectos culturais que podem influenciar uma negociação internacional.

No quinto capítulo, analisamos os impactos das empresas transnacionais nas relações internacionais, entendendo-as como atores centrais na tomada de decisão internacional e doméstica. Por meio disso, foi possível concluir que, em algumas situações, os Estados passam a compartilhar sua soberania com esses novos atores da governança global, embora não deixem de ser os atores centrais das relações internacionais.

No sexto e último capítulo, elaboramos estudos de caso de cinco diferentes setores industriais e de serviços no Brasil, com posterior aplicação das teorias econômicas e comportamentais para explicação do processo de internacionalização de cada empresas. É válido mencionar que os estudos de caso eleitos foram os da Marcopolo, da JBS-Friboi, do grupo O Boticário, da Fitesa e das *fintechs* plataformas Salaryfit e Warren, graças ao crescimento desse setor associado a tecnologia da informação. Finalizamos o capítulo avaliando a evolução histórica da internacionalização das empresas brasileiras, que sofreram uma redução das atividades no exterior entre os anos de 2015 a 2021 em virtude de crises políticas, econômicas e a causada pela pandemia de covid-19, que arrefeceram o IED brasileiro. Em 2023[1], havia uma perspectiva de expansão das atividades externas das empresas, que estimam aumentar seu IED, também como consequência da mudança governamental e das perspectivas de melhorias em relação a crise mundial.

---

1 Essa obra foi publicada em 2016 e esta nova edição foi revisada em 2023.

Desde as máquinas e a tecnologia avançada utilizadas em refinarias de petróleo ou na aviação civil e militar até os produtos diários que usamos em nossas vidas, podemos observar a presença de corporações transnacionais. Assim, as multinacionais tornaram-se uma parte inegável de nossas vidas cotidianas, o que foi evidenciado na presente obra. Os cidadãos se sentem beneficiados pela existência das empresas transnacionais, uma vez que elas, ao ingressarem nos países em desenvolvimento, aumentam as vagas de trabalhos e expandem as opções de bens de consumo. Contudo, existem impactos negativos da atuação dessas grandes firmas que não podem ser ignorados, como a poluição e a devastação do meio ambiente, causadas, sobretudo, por suas operações e pelo desrespeito às normas trabalhistas e aos direitos humanos em muitas regiões, em busca de maiores lucros.

Ademais, essas empresas se tornam atores transnacionais fundamentais para o jogo político internacional, podendo influenciar diretamente a tomada de decisões internacionais, o que é resultado do cenário de interdependência que foi construído no século XX. Muitos Estados se sentem ameaçados, temendo que sua soberania seja limitada por esses novos atores não estatais. Há corporações multinacionais que se utilizam do seu poder econômico e do poder brando para influenciar os destinos das relações internacionais e afetar as políticas externas de seus países de origem e dos países receptores de investimentos.

Contudo, em alguns casos, os Estados se utilizam das empresas como instrumentos de controle da política interna de outros países mais vulneráveis. O impacto desses atores na ordem internacional será mais evidente ao longo dos anos, pois existe um crescimento vertiginoso da importância das empresas transnacionais. Os Estados-nação terão de incluir cada vez mais esses atores em seus cálculos de poder. As organizações internacionais como o Fundo Monetário Internacional (FMI) e a Organização Mundial do Comércio (OMC) também terão de levar em conta a influência desses atores como uma nova fonte de poder internacional. Defende-se que as corporações transnacionais serão efetivas em determinar as relações econômicas entre os países, além do que as disputas comerciais serão resolvidas de acordo com os benefícios para essas grandes firmas. Ainda, as políticas governamentais, fiscais e de meio ambiente, entre outras, serão definidas com o envolvimento das empresas multinacionais.

Uma realidade notável nos últimos anos é a expansão da influência das *startups* e *fintechs* nas vidas cotidianas e no provimento de serviços graças à explosão das tecnologias de informação, que tornaram algumas empresas quase que onipresentes em nossas realidades, como Uber, Airbnb, IFood, Ebanx etc. Essas empresas impõem desafios às firmas internacionais e impactos sociais, que podem ser negativos, como a inexistência de legislação trabalhista para funcionários dessas plataformas de compartilhamento. Esse aspecto deve considerado na estratégia de internacionalização, pois alguns países já estão estabelecendo medidas regulatórias para frear o avanço dessas empresas plataforma.

Referências

ABF – Associação Brasileira de Franchising. **Guia Oficial 2005**. São Paulo: Empreendedor, 2005.

ACIOLY, L.; LEÃO, R. P. F. **Internacionalização das empresas chinesas**: as prioridades do investimento direto chinês no mundo. Nota técnica do Instituto de Pesquisa Econômica Aplicada (IPEA), 2011.

ACUFF, F. **Como negociar qualquer coisa, com qualquer pessoa, em qualquer lugar do mundo**. 2. ed. São Paulo: Senac, 2004.

ALMEIDA, M. **Desafios da política industrial brasileira no século XXI Texto para discussão**. n. 1 452. Brasília: IPEA, 2009.

ARRIGHI, G. **O longo século XX**: dinheiro, poder e as origens de nosso tempo. 1º ed. Rio de Janeiro: Contraponto, 1996.

BARBOSA, T. **A internacionalização de empresas de comércio eletrônico**: estudo de caso da B2W – Companhia Global do Varejo. Dissertação (Mestrado em Economia) – Pontifícia Universidade Católica do Rio de Janeiro, Rio de Janeiro, 2012.

BARTLETT, C.; GHOSHAL, S. Beyond Strategic Planning to Organization Learning: Lifeblood of the Individualized Corporation. **Strategy & Leadership**, p. 34-39, 2008.

BAUMAN, Z. **Vida para consumo**: a transformação das pessoas em mercadoria. Rio de Janeiro: J. Zahar, 2008.

BEAMISH, P.; MAKINO, S.; WOODCOCK, C. Ownership-based Entry Mode Strategies and International Performance. **Journal of International Business Studies**, n. 2, v. 2, p. 253-273, 1994.

BRAGA, R. Luta de classes, reestruturação produtiva e hegemonia. In: KATZ, C.; BRAGA, R.; COGGIOLA, O. **Novas tecnologias**: crítica da atual reestruturação produtiva. São Paulo: Xamã, 1995.

BRAUDEL, F. **Civilização material, economia e capitalismo**: séculos XV-XVIII – o tempo do mundo. São Paulo: M. Fontes, 1996. p. 7-69. v. 3.

BRESSER-PEREIRA, L. C. Da administração pública burocrática à gerencial. In: BRESSER-PEREIRA; L. C.; SPINK, P. (Org.). **Reforma do Estado e Administração Pública gerencial**. Rio de Janeiro: Fundação Getúlio Vargas, 1998. p. 21-38.

BRESSER-PEREIRA, L. C. Empresas multinacionais e interesse de classe. **Encontros com a Civilização Brasileira**, n. 4, p. 11-27, out. 1978. Disponível em: <http://www.bresserpereira.org.br/papers/1978/78-EmpresasMultinacionais.pdf>. Acesso em: 25 jun. 2024.

BRITES, B. Internacionalização de startups: oportunidades e desafios. **Forbes**, fev. 2022. Entrevista concedida a Luiz Gustavo Pacete. Disponível em: <https://forbes.com.br/forbes-tech/2022/02/internacionalizacao-de-startups-oportunidades-e-desafios/>. Acesso em: 25 jun. 2024.

CARLSON, S. **How Foreign is Foreign Trade**: a Problem in International Business Research. Uppsala: Uppsala University, 1975.

CARNEIRO, A. **Estratégias de internacionalização de uma grande empresa brasileira**: o caso JBS-Friboi. Relatório do curso de Administração. Rio de Janeiro: PUC-Rio, 2011.

CARNEIRO, J. M.; DIB, L. A.; HEMAIS, C. A. Five Main Issues on the Internationalization of Firms: a Comparative Review of the Literature. In: WORKSHOP EM INTERNACIONALIZAÇÃO DE EMPRESAS, 5., 2005, Rio de Janeiro. **Anais**... Rio de Janeiro: COPPEAD, 2005.

CASEIRO, L. Internacionalização de empresas brasileiras: estratégias e alternativas de política industrial. In: WORKSHOP EMPRESA, EMPRESÁRIOS E SOCIEDADE, 9., Niterói, RJ, 2014. **Anais**... Niterói: Universidade Federal Fluminense, 2014. Disponível em: <https://www.researchgate.net/publication/271853967_Internacionalizacao_de_empresas_brasileiras_estrategias_e_alternativas_de_politica_industrial>. Acesso em: 25 jun. 2024.

CASTELLS, M. **A galáxia da internet**: reflexões sobre a internet, os negócios e a sociedade. Rio de Janeiro: J. Zahar, 2003.

CERCEAU, J.; TAVARES, M. C. Estratégias de internacionalização: um estudo comparativo de casos de empresas do setor siderúrgico. **Caderno de Ideias**, Nova Lima, CI0220, dez. 2002.

CHESNAIS, F. **A mundialização do capital**. Tradução de Silvana Finzi Foá. São Paulo: Xamã, 1996.

CHRYSSOCHOIDIS, G.; MILLAR, C.; CLEGGl, J. **Internationalisation Strategies**. Academy of Internacional Business, 1997. p. 1-10.

CLARKE, S. Crise do fordismo ou crise da social-democracia? **Lua Nova**, São Paulo, n. 24, p. 117-150, set. 1991. Disponível em: <http://www.scielo.br/scielo.php?script=sci_arttext&pid=S0102-64451991000200007&lng=en&nrm=iso>. Acesso em: 31 jan. 2024.

COHEN, S. D. **Multinational Corporations and Foreign Direct Investment**: Avoiding Simplicity, Embracing Complexity. New York: Oxford University Press, 2007.

COSTA, L. M. **Negociação à brasileira**. 2006. Disponível em: <http://rae.fgv.br/sites/rae.fgv.br/files/artigos/4565.pdf>. Acesso em: 8 out. 2016.

CRAIG, J.; GRANT, R. **Gerenciamento estratégico**. São Paulo: Littera Múndi, 1999.

CULPI, A. Construção de políticas ambientais internacionais: o caso do Mercosul. **Conjuntura Global**, v. 3, n. 1, p. 13-20, 2014.

CYERT, R.; MARCH, J. **A Behavioral Theory of the Firm**. Englewood Cliffs: Prentice-Hall, 1963.

DALLA COSTA, A. J.; SANTOS, E. R. de S. **Estratégias e negócios das empresas diante da internacionalização**. Curitiba: Ibpex, 2011.

DOOLEY, M.; FOLKERTS-LANDAU, D.; GARBER, P. An Essay on the Revived Bretton Woods System. **NBER Working Papers**, n. 9971, Sept. 2003.

DUNNING, J. H. The Eclectic Paradigm of International Production: a Personal Perspective. In: PITELIS, C. N.; SUGDEN, R. (Ed.). **The Nature of Transnational Firm**. London: Routledge, 1991. p. 117-136.

DUNNING, J. H. The Eclectic Paradigm of International Production: a Restatement and Some Possible Extensions. **Journal of International Business Studies**, v. 19, n. 1, p. 1031, Spring 1998.

DUNNING, J. H. Towards an Eclectic Theory of International Production: Some Empirical Tests. **Journal of International Business Studies**, v. 11, n. 1, p. 9-31, 1980.

DURNING, A. **How Much is Enough?** The Consumer Society and the Future of the Earth. New York: W. W. Norton & Company, 1992.

EICHENGREEN, B. **A globalização do capital**: uma história do sistema monetário internacional. São Paulo: Ed. 34, 2000.

FDC – Fundação Dom Cabral. **Ranking FDC das Multinacionais Brasileiras (2015)**. Disponível em: <https://www.fdc.org.br/blogespacodialogo/Documents/2015/ranking_fdc_multinacionais_brasileiras2015.pdf>. Acesso em: 3 out. 2016.

FDC – Fundação Dom Cabral. **Ranking FDC das Multinacionais Brasileiras (2021)**. Disponível em: <https://trajetoriasinternacionais.fdc.org.br/rankings/>. Acesso em: 19 set. 2023.

FDC – Fundação Dom Cabral. **Trajetórias FDC de Internacionalização das Empresas Brasileiras Edição 2018**. Disponível em: <https://www.fdc.org.br/conhecimento/publicacoes/relatorio-de-pesquisa-33712> Acesso em: 19 set. 2023.

FDC – Fundação Dom Cabral. **Trajetórias FDC de Internacionalização das Empresas Brasileiras Edição 2023**. Disponível em: <https://trajetorias internacionais.fdc.org.br/wp-content/uploads/2023/09/50899_Rel_ TrajetoriasFDC_internacionalizacao_2023.pdf> Acesso em: 19 set. 2023.

FMI – Fundo Monetário Internacional. Financial Organization and Operations of the IMF. **Pamphlet Series**, n. 45, 2001.

FORD, H. **Os princípios da prosperidade**. Tradução de Monteiro Lobato. São Paulo: Freitas Bastos, 1967.

FORNARI, V. **Estratégias de internacionalização de empresas brasileiras**: um estudo de caso do setor de carnes. 68 f. Trabalho de conclusão de curso (Bacharelado em Ciências Econômicas) – Universidade Estadual Paulista, Araraquara, 2010.

FREIRE, C. **A internacionalização de empresas brasileiras**: o caso de O Boticário. 127 f. Dissertação (Mestrado em Ciências em Administração) – Universidade Federal do Rio de Janeiro, Rio de Janeiro, 2001.

FREITAS, T. Primeira multinacional é fonte de lições, indica livro. **Folha de S.Paulo**, 4 ago. 2012. Disponível em: <http://www1.folha.uol.com.br/fsp/mercado/58576-primeira-multinacional-e-fonte-de-licoes-indica-livro.shtml>. Acesso em: 25 jun. 2024.

GIDDENS, A. **As consequências da modernidade**. Tradução de Raul Fiker. São Paulo: Ed. da Unesp, 1991.

GONÇALVES, R. **Economia política internacional**: fundamentos teóricos e as relações internacionais do Brasil. Rio de Janeiro: Elsevier, 2005.

GORENDER, J. Globalização, tecnologia e relações de trabalho. **Estudos Avançados**, São Paulo, v. 11, n. 29, p. 311-361, jan./abr. 1997. Disponível em: <http://www.scielo.br/scielo.php?script=sci_arttext&pid=S0103-40141997000100017&lng=en&nrm=iso>. Acesso em: 25 jun. 2024.

GRAMSCI, A. **Cadernos do cárcere**. 2. ed. Rio de Janeiro: Civilização Brasileira, 2001. v. 6.

GUEDES, A. L. Empresas transnacionais e questões ambientais: a abordagem do realismo crítico. **Revista de Sociologia e Política**, Curitiba, n. 20, p. 25-42, jun. 2003. Disponível em: <http://www.scielo.br/scielo.php?script=sci_arttext&pid=S0104-44782003000100004&lng=en&nrm=iso>. Acesso em: 25 jun. 2024.

GUEDES, A. L.; FARIA, A. Globalização e investimento direto estrangeiro: um estudo exploratório da indústria automotiva brasileira. **Revista de Sociologia e Política**, n. 19, p. 55-69, nov. 2002. Disponível em: <http://www.scielo.br/scielo.php?script=sci_arttext&pid=S0104-44782002000200005&lng=en&nrm=iso>. Acesso em: 25 jun. 2024.

GUIDO, A. L. B.; LIMA, R. T. Empresas transnacionais e internacionalização: uma análise bibliométrica dos termos. **Revista Brasileira de Administração Científica**, Aquidabá, v. 3, n. 3, p. 83-96, 2012.

HAAS, P. Introduction: Epistemic Communities and International Policy Coordination. **International Organization**, v. 46, n. 1, p. 1-35, 1992.

HILAL, A.; HEMAIS, C. O processo de internacionalização na ótica da escola nórdica: evidências empíricas em empresas brasileiras. **RAC**, v. 7, n. 1, p. 109-124, jan./mar. 2003. Disponível em: <http://www.scielo.br/pdf/rac/v7n1/v7n1a06.pdf>. Acesso em: 25 jun. 2024.

HIRST, P.; THOMPSON, G. **Globalização em questão**: a economia internacional e as possibilidades de governabilidade. Petrópolis: Vozes, 1998.

HITT, M.; IRELAND, D.; HOSKISSON, R. **Administração estratégica**. São Paulo: Pioneira Thomson Learning, 2003.

HOBSBAWM, E. **Era dos extremos**: o breve século XX (1914-1991). Tradução de Marcos Santarrita. São Paulo: Companhia das Letras, 1995.

HÖRNELL, E.; VAHLNE, J.-E.; WIEDERSHEIM-PAUL, F. **Export and Foreign Establishments**. Stockholm: Almqvist & Wiksel, 1973.

HUNTINGTON, S. **Choque de civilizações?** Rio de Janeiro: J. Zahar, 1993.

HYMER, S. **The International Operations of Nation Firms**: a Study of Foreign Direct Investment. Cambridge: MLT Press, 1976.

IANNI, O. Globalização: novo paradigma das ciências sociais. **Estudos avançados**, São Paulo, v. 8, n. 21, p. 147-163, maio/ago. 1994. Disponível em: <http://www.scielo.br/scielo.php?script=sci_arttext&pid=S0103-40141994000200009&lng=en&nrm=iso>. Acesso em: 25 jun. 2024.

IANNI, O. **Teorias da globalização**. 4. ed. Rio de Janeiro: Civilização Brasileira, 2002.

JBS. **Relatório da administração**. 2015. Disponível em: <https://www.rad.cvm.gov.br/ENET/frmDownloadDocumento.aspx?Tela=ext&numProtocolo=556830&descTipo=IPE&CodigoInstituicao=1>. Acesso em: 25 jun. 2024.

JOHANSON, J.; MATTSON, L. Internationalization in Industrial Systems: a Network Approach. In: HOOD, J.; VAHLNE, J. N. (Ed.). **Strategies in Global Competition**. New York: Croom Helm, 1988. p. 303-321.

JOHANSON, J.; VAHLNE, J. The Internationalization Process of the Firm: a Model of Knowledge Development and Increasing Foreign Commitments. **Journal of International Business Studies**, v. 8, n. 1, p. 23-32, Spring/Summer 1977.

JOHANSON, J.; VAHLNE, J. The Mechanism of Internationalization. **International Marketing Review**, v. 7, n. 4, p. 11-24, 1990.

JOHANSON, J.; WIDERSHEIM-PAUL, F. The Internationalization of the Firm: Four Swedish Cases. **The Journal of Management Studies**, v. 12, n. 3, p. 305-322, Oct. 1975.

KASPERSKY. **O telégrafo, a invenção que deu início à era da informação**. 17 jun. 2015. Disponível em: <https://blog.kaspersky.com.br/telegraph-grandpa-of-internet/5431/>. Acesso em: 25 jun. 2024.

KEOHANE, R. O.; NYE, J. S. **Power and Interdependence**. New York: Longman, 2001.

KHANNA, T.; PALEPU, K. Emerging Giants: Building World-Class Companies in Developing Countries. **Harvard Business Review**, p. 60-69, Oct. 2006. Disponível em: <https://hbr.org/2006/10/emerging-giants-building-world-class-companies-in-developing-countries>. Acesso em: 25 jun. 2024.

KOGUT, B.; ZANDER, U. Knowledge of the Firm and the Evolutionary Theory of the Multinational Enterprise. **Journal of International Business Studies**, v. 34, n. 6, p. 516-529, Feb. 2003.

LEE, I.; SHIN, Y. Fintech: ecosystem, business models, investment decisions and challenges, Business Horizons, v. 61, n. 1, 2018, p. 35-46, 2018.

LIMA, A. **Um estudo de caso da internacionalização de Fintechs Plataforma Brasileiras**. Dissertação (Mestrado em Economia e Gestão de Ciência, Tecnologia e Inovação), Universidade de Lisboa, 2019. Disponível em: <https://www.repository.utl.pt/bitstream/10400.5/19231/1/DM-AOL-2019.pdf>. Acesso em: 25 jun. 2024.

LUOSTARINEN, R. **Internationalization of the Firm**. Acta Academiae Oeconomicae Helsingiensis. Helsinki: Helsinki School of Economics, 1979.

MACADAR, B. M. A internacionalização de grandes empresas brasileiras e as experiências do Grupo Gerdau e da Marcopolo. **Ensaios FEE**, Porto Alegre, v. 30, n. 1, p. 7-34, maio 2009.

MARCOPOLO. **Resultados do exercício de 2015**: Relatório da Administração. Caxias do Sul, 19 fev. 2016. Disponível em: <http://ri.marcopolo.com.br/ptb/2828/Relatrio%20da%20Administrao%202015.pdf>. Acesso em: 8 out. 2016.

MARTINS, L. **Nação e corporação multinacional**: a política das empresas no Brasil e na América Latina. Rio de Janeiro: Paz e Terra, 1975.

McDOUGALL, P.; OVIATT, B. International Entrepreneurship: the Intersection of Two Paths. **Guest Editor's Introduction, Academy Of Management Journal**, v. 43, n. 5, p. 902-908, 2000.

MELLO, V. de C. Globalização, regionalismo e ordem internacional. **Revista Brasileira de Política Internacional**, v. 42, n. 1, p. 157-181, jan./jun. 1999. Disponível: <http://www.scielo.br/scielo.php?script=sci_arttext&pid=S0034-73291999000100007&lng=en&nrm=iso>. Acesso em: 25 jun. 2024.

MONTE, T. C. **Parcerias ente ONGs e empresas**: uma relação de poder? Um estudo de casos em Recife. 137 f. Dissertação (Mestrado em Administração) – Universidade Federal de Pernambuco, Recife, 2004. Disponível em: < https://repositorio.ufpe.br/bitstream/123456789/1148/1/arquivo1658_1.pdf>. Acesso em: 19 mar. 2023.

MUNIZ, B. The **Internalization Process of a Brazilian Company**: a Study of the Uppsala and the Network Models Applied to a Brazilian Company. 96 l. Thesis (Master in Business Administration) – Linkoping Universty, 2004.

MUSACCHIO, A.; LAZZARINI, S. **Reinventando o capitalismo de Estado**: o Leviatã nos negócios: Brasil e outros países. São Paulo: Portfolio-Penguin, 2015.

NARLIKAR, A.; KUMAR, R. From Pax Americana to Pax Mosaica? Bargaining over a New Economic Order. **The Political Quarterly**, v. 83, n. 2, p. 384-394, Apr./June 2012.

ORTIZ, R. **Mundialização e cultura**. São Paulo: Brasiliense, 1994.

PAVAN, K. et al. A responsabilidade socioambiental das empresas estrangeiras no Brasil: uma comparação com as empresas de capital nacional. In: ENCONTRO DE ESTUDOS EM ESTRATÉGIA, 4., 2013, Bento Gonçalves. **Anais...** Bento Gonçalves: ANPAD – Associação Nacional de Pós-Graduação e Pesquisa em Administração; ESO – Divisão Acadêmica de Estratégia em Organizações, 2013.

PENROSE, E. **The Theory of the Growth of the Firm**. New York: Oxford University Press, 1959.

PINHEIRO, S. A empresa multinacional e seu novo papel na promoção do desenvolvimento sustentável. Ética e Filosofia Política, v. 2, n. 13, jun. 2011. Disponível em: <https://periodicos.ufjf.br/index.php/eticaefilosofia/article/view/17767>. Acesso em: 25 jun. 2024.

PORTER, M. **A vantagem competitiva das nações**. 6. ed. Rio de Janeiro: Campus, 2003.

PORTER, M.; KRAMER, M. Strategy and Society: the Link between Competitive Advantage and Corporate Social Responsibility. **Harvard Business Review**, p. 78-92, 2006.

PREBISCH, R. **Transformações e desenvolvimento**: a grande tarefa da América Latina. Rio de Janeiro: Fundação Getúlio Vargas, 1973.

PWC. **Global Top 100 Companies by Market Capitalization**. 2015. Disponível em: <http://www.pwc.com/gx/en/audit-services/capital-market/publications/assets/document/pwc-global-top-100-march-update.pdf>. Acesso em: 25 jun. 2024.

QUEIROZ, F. Meio ambiente e comércio na agenda internacional: a questão ambiental nas negociações da OMC e dos blocos econômicos regionais. **Ambiente e Sociedade**, Campinas, v. 8, n. 2, p. 1-23, jul./dez. 2005.

REZENDE, S. F. L. Multinationals and Interdependence in Internationalization Processes. **Brazilian Administration Review**, v. 3, n. 1, p. 1-16, Jan./June 2006.

RIBEIRO, F. C. F.; MELO, P. L. R. O processo de internacionalização da rede de franquias "O Boticário" no mercado norte-americano. In: WORKSHOP SOBRE INTERNACIONALIZAÇÃO DE EMPRESAS, 1., São Paulo, 2006.

RIBEIRO, V. L. A economia política dos sistemas-mundo e a visão do sistema interestatal capitalista: uma análise comparativa. In: COLÓQUIO BRASILEIRO EM ECONOMIA POLÍTICA DOS SISTEMAS-MUNDO, 4, Florianópolis, 2009. **Anais...** Florianópolis: Universidade Federal de Santa Catarina, 2009.

ROBBINS, N. A **Corporação que mudou o mundo**: como a Companhia das Índias Orientais moldou a multinacional moderna. Rio de Janeiro: Bertrand Brasil, 2012.

ROCHA, A. da. Por que as empresas brasileiras não se internacionalizam? In: ROCHA, A. da. (Org.). **As novas fronteiras**: a multinacionalização das empresas brasileiras. Rio de Janeiro: Mauad, 2003. p. 13-28.

ROMANOVA, I.; KUDINSKA, M. Banking and fintech: a challenge or opportunity? In Simon Grima, Frank Bezzina, Inna Romanova, Ramona Rupeika-Apoga (Ed.) **Contemporary issues in finance: current challenges from across Europe (Contemporary Studies in Economic and Financial Analysis**, v. 98. Emerald Group Publishing Limited, pp. 21-35l, 2016.

ROSA, P. R. **Internacionalização da empresa Marcopolo S.A.**: um estudo de caso. 160 f. Dissertação (Mestrado em Administração) – Universidade Federal do Rio Grande do Sul, Porto Alegre, 2006.

SANTOS, M. **A natureza do espaço**. Técnica e tempo. Razão e emoção. 2. ed. São Paulo: Hucitec, 1997.

SARFATI, G. Os limites do poder das empresas multinacionais: o caso do Protocolo de Cartagena. **Ambiente e Sociedade**, Campinas, v. 11, n. 1, p. 117-130, jan./jun. 2008. Disponível em: < https://www.scielo.br/j/asoc/a/9qqxvQwVXPrPBSLkTHC44gm/?format=pdf&lang=pt>. Acesso em: 25 jun. 2024.

SARFATI, G. **Teorias de relações internacionais**. São Paulo: Saraiva, 2005.

SCHNEIDER, V. et al., Fintech: a internacionalização dos serviços financeiros. **Revista Científica da Ajes**, v.10, n. 21, 2011.

SEBENIUS, J. K. The Hidden Challenge of Cross-Border Negotiations. **Harvard Business Review**, Cambridge, v. 80, n. 3, p. 4-12, Mar. 2002. Disponível em: <https://hbr.org/2002/03/the-hidden-challenge-of-cross-border-negotiations>. Acesso em: 25 jun. 2024.

SIMÕES, V. C. **If Dunning Were Writing Now**: the Eclectic Paradigm of an Age of Platform Capitalism, Paper submitted to the 44th EIBA (European International Business Academy) Conference, Poznań, Poland, December 2018. Poznań, 1-30, 2018.

SKLAIR, L. The Transnational Capitalist Class and Global Capitalism: the Case of the Tobacco Industry. **Political Power and Social Theory**, v. 12, p. 3-43, 1998.

SLEE, T. **Uberização**: a nova onda do trabalho precarizado. São Paulo: Elefante, 2017.

SOUZA, A. Meio ambiente e desenvolvimento sustentável: uma reflexão crítica. **Paper do Naea**, Belém, n. 45, ago. 1994.

SOUZA, N. **Uma introdução à história do pensamento econômico**. Relatório Pesquisa da área de História Econômica, realizada no NEP PUCRS. Disponível em: <http://paginapessoal.utfpr.edu.br/cristianegebran/gestao-financeira/Introducao_Hist%20Pensam%20Econ.pdf/at_download/file>. Acesso em: 25 jun. 2024.

STRANGE, S. **The Retreat of the State**: the Diffusion of Power in the World Economy. Cambridge: Cambridge University Press, 1996.

TENÓRIO, F. G. A unidade dos contrários: fordismo e pós-fordismo. **Revista de Administração Pública**, Rio de Janeiro, v. 45, n. 4, ago. 2011. Disponível em: <http://www.scielo.br/scielo.php?script=sci_arttext&pid=S0034-76122011000400011&lng=en&nrm=iso>. Acesso em: 31 jan. 2024.

TOLSTOY, D. **International Entrepreneurship in Networks**: the Impact of Network Knowledge Combination on SMEs' Business Creation in Foreign Markets. Stockholm: Stockholm School of Economics, 2010.

TOURAINE, A. **Poderemos viver juntos?** Iguais e diferentes. 2. ed. Petrópolis: Vozes, 1998.

TSENG, C.-H.; YU, C.-M. J.; SEETOO, D. H. W. The Relationships between Types of Network Organization and Adoption of Management Mechanism: an Empirical Study of Knowledge Transactions of MNC's Subsidiaries in Taiwan. **International Business Review**, v. 11, n. 2, p. 211-230, Apr. 2002.

UNCTAD – United Nations Conference Trade and Development. **World Investment Report 2000**: Cross-Border Mergers and Acquisitions and Development. New York: United Nations, 2000.

VERNON, R. **Sovereignty at Bay**: the Multinational Spread of US Enterprises. New York: Basic Books, 1971.

VIEIRA, C. R. B.; ZILBOVICIUS, M. Gestão de subsidiárias: estratégias por empresas brasileiras. In: ENCONTRO NACIONAL DE ENGENHARIA DA PRODUÇÃO, 2007. Disponível em: <http://www.abepro.org.br/biblioteca/enegep2007_tr630469_9868.pdf>. Acesso em: 18 mar. 2023.

VIEIRA, L. **Cidadania e globalização**. Rio de Janeiro: Record, 1997.

WALTERS, C. J. **Adaptive Management of Renewable Resources**. New York: Macmillan, 1986.

WELCH, L.; LUOSTARINEN, R. Internationalization: Evolution of a Concept. In: BUCKLEY, P. J.; GHAURI, P. N. (Ed.). **The Internationalization of the Firm**: a Reader. London: Thomson, 1999.

WOOD JR., T. Fordismo, Toyotismo e Volvismo: os caminhos da indústria em busca do tempo perdido. **Revista de Administração de Empresas**, São Paulo, p. 6-18, set./out. 1992.

WOOD, E. M. **A origem do capitalismo**. Tradução de Vera Ribeiro. Rio de Janeiro: J. Zahar, 2001.

Respostas

Capítulo 1

Questões para revisão

1. A Primeira Era da Globalização ocorreu de 1815, com a assinatura do tratado do Congresso de Viena, que pôs fim às Guerras Napoleônicas, e foi até o período da Primeira Guerra Mundial, no qual houve uma hegemonia britânica na economia mundial. Ocorreu a generalização do livre-comércio, que foi usado como estratégia para promover a integração da economia mundial. Além disso, a Inglaterra passou a exportar tecnologia para outros países, o que ampliou o número de indústrias no mundo. Ainda houve o avanço da tecnologia dos transportes, com a introdução de navios movidos a vapor. É válido dizer, também, que o predomínio da Inglaterra se deu nos planos produtivo, comercial e financeiro e que a invenção do telégrafo foi essencial para garantir o acesso à informação e o contato entre os mercados financeiros.

2. A Figura 1.1 apresenta uma visão sobre o surgimento e a evolução do capitalismo, cuja primeira manifestação foi o "capitalismo comercial que antecedeu o modo de produção capitalista propriamente dito" e baseava-se nos lucros alcançados com o comércio. O capitalismo em si, ou capitalismo manufatureiro, que atua na esfera produtiva, surgiu no século XVI. Na sequência, emergiu o capitalismo industrial, com a Revolução Industrial na Inglaterra, o qual foi caracterizado pelo uso intensivo de máquinas, equipamentos e de tecnologia. Com o aparecimento do comércio e dos bancos, o capital mercantilista se transformou em capital financeiro. O uso dessa forma de capital se intensificou após 1945, com o estabelecimento da hegemonia norte-americana, que entrou em decadência após as crises da década de 1970. A partir dos anos 1980 passou-se a questionar o papel do Estado na economia, que tem sua interferência reduzida, dando lugar ao paradigma neoliberal, que se difunde em todo globo nos anos 1990 e acentua o processo de internacionalização de empresas.

3. O capitalismo de Estado é uma evolução do capitalismo monopolista e concentra o poder nas mãos do Estado. Embora tenha se enfraquecido com a difusão do neoliberalismo nos anos 1990, ele não desaparece e se preserva em muitas

economias, como o Brasil e a China, fazendo parte de um projeto de desenvolvimento. A China é uma boa referência desse modelo de capitalismo, pois as empresas estatais nesse modelo têm papel relevante, já que são empresas líderes que se articulam e abrem oportunidades para empresas menores e do setor privado. Assim, a internacionalização dessas empresas estatais fez parte da estratégia chinesa de ganhar espaço no sistema internacional.

4. c

5. d

6. e

Questões para reflexão

1. Para responder a esta questão, você deve ter em mente que o progresso dos meios de comunicação facilita os contatos com as filiais em diferentes partes do mundo e também as negociações com outros países. Ademais, possibilita o surgimento de redes de produção, de fornecimento e financeiras, que expandem os lucros das empresas. Um exemplo é o setor de tecnologia da informação, que se tornou mundializado e teve sua importância expandida graças à internet, especialmente às empresas do Vale do Silício, como o Google e o Facebook.

2. O impacto da globalização nas relações internacionais é inegável e pode ser positivo ou negativo. O primeiro caso ocorre quando expande os contatos, possibilita acesso à comunicação e ao transporte (o que encurta as distâncias no mundo), amplia o acesso a bens e a serviços a uma maior quantidade de pessoas e aumenta a chance de lucros para as grandes empresas. Contudo, os principais impactos negativos da globalização são as violações dos direitos trabalhistas e dos direitos humanos nos países mais pobres, bem como os grandes impactos ambientais. É difícil definir perdedores e vencedores nesse sentido, mas, em geral, os países que mais se beneficiam do processo são os industrializados, detentores de bens de alta tecnologia, como os Estados Unidos e os países europeus, enquanto os mais pobres, como os países de continentes como América Latina, África e Ásia, embora recebam multinacionais que aumentam o emprego, sofrem desrespeitos e inegável empobrecimento.

Capítulo 2

Questões para revisão

1. No primeiro estágio de inserção, desenvolvem-se as grandes empresas extrativistas, agrícolas e de serviços públicos, por meio do comércio internacional. O segundo estágio começa no século XX e se encerra na Crise de 1929. Também se baseia no imperialismo, mas oferece novas tarefas aos países da periferia, que se tornam receptores de grandes empresas do centro. Nesse momento, notamos a transferência de poder da Inglaterra para os Estados Unidos, que se tornam a nova potência hegemônica. Durante o terceiro estágio, que vai da crise de 1929 até a Segunda Guerra Mundial, muitos países da periferia aproveitaram-se da crise do imperialismo para promover projetos nacionalistas de

industrialização, por meio da política substituição de importações, o que representava uma ameaça aos negócios das grandes corporações. O estágio seguinte, que começa nos anos 1960, é uma continuidade do terceiro, quando o objetivo fundamental era garantir o acesso aos mercados locais. No quarto estágio, o objetivo é ir em busca de locais com mão de obra barata. Para os Estados com menor nível de desenvolvimento, o terceiro e o quarto estágios modificam as relações de dependência, que passam a se dar em relação à tecnologia. A inovação dessa fase é o investimento das multinacionais em desenvolver a indústria e o mercado interno da periferia.

2. Henry Ford promoveu a substituição do método de produção artesanal da indústria automobilística pela produção em massa, inserindo novos métodos de organização da produção e do trabalho nas fábricas de automóveis, e essa sistematização da produção baseou-se em salários elevados. Ford estabeleceu a ideia de descentralização da produção e de diminuição das hierarquias para reduzir a autoridade dos diretores, o que era defendido por Taylor. O regime fordista aplicou a abordagem da organização científica do trabalho, criada por Taylor, com base na eliminação dos tempos mortos no processo com o objetivo de expandir a produção a custos reduzidos. Assim, o método fordista passou a ser conhecido como *regime fordista-tayolorista*, porque, de modo combinado, eles buscaram resolver o problema da baixa produtividade da economia capitalista no princípio do século XX. A produção flexível foi adotada no Japão, a partir da visita do engenheiro Eiji Toyota à Ford, em 1950, quando trouxe melhorias no sistema de produção ao concluir que o modelo de produção em massa não estava adequado para os nipônicos. O modelo flexível de gestão da empresa propõe a diferenciação da organização da produção e do trabalho baseado nas novações tecnológicas, que buscam uma relação de produção mais democrática. Assim, surgem equipamentos especializados, sem a lógica da produção em larga escala, com o objetivo de atender a um mercado distinto.

3. a
4. c
5. e

Questões para reflexão

1. Para responder a esta questão, é necessário embasar-se na Seção 2.4 e fazer uma pesquisa sobre as empresas que adotaram cada estratégia. Para auxiliar, uma boa opção é relacionar com a indústria de café no Brasil, que, na primeira metade do século XX, optou pela exportação. Uma grande empresa que adota a estratégia de franquias é a norte-americana Avon. Várias companhias adotam a forma de se inserir via alianças estratégicas, por meio de *joint ventures*, fusões e aquisições, entre outras. Recentemente, a empresa brasileira de aviação TAM foi comprada pela chilena Lan Chile. Além disso, a empresa Pão de Açúcar forneceu a terceiros em Portugal contratos de gestão de sua empresa no exterior.

2. O processo de inserção internacional das empresas brasileiras ocorreu de maneira lenta, baseado em três etapas (conforme aponta o estudo de caso). A resposta para se as empresas apresentam mais efeitos negativos ou positivos dependerá da interpretação do pesquisador sobre a questão. Podemos

mencionar como impacto positivo a expansão dos postos de trabalho, o maior acesso a produtos, como automóveis e a entrada de capital estrangeiro. Como aspectos negativos, há a dependência tecnológica, o aumento da concorrência, o que resultou em fechamento de empresas nacionais menos eficientes, e a saída de capital estrangeiro em volumes elevados, na forma de lucros para as matrizes das subsidiárias.

Capítulo 3

Questões para revisão

1. As teorias de internacionalização baseadas no critério econômico são direcionadas pelas decisões racionais em busca da otimização dos interesses. A primeira abordagem é a teoria do ciclo do produto, que observa inserção internacional da firma como uma estratégia para expandir a vida útil dos produtos no mercado, o que seria possível por meio do estabelecimento de filiais. A segunda perspectiva é a teoria do poder de mercado, que argumenta que as empresas devem expandir constantemente sua participação no mercado doméstico, em termos de capacidade, fusões e aquisições. A teoria da internalização enfatiza a eficiência das operações e utiliza a lógica dos custos de transação como a explicação que justifica como os arranjos de internalização (em termos hierárquicos da empresa) devem ser usados. Por fim, o paradigma eclético de Dunning defende que as firmas têm vantagens de propriedade e irão explorar vantagens de localização, bem como podem utilizar-se de vantagens de internalização.

2. As teorias comportamentalistas da internacionalização têm o objetivo de indicar comportamentos que justificam por que e como as empresas se inserem no mercado externo. A primeira é o modelo de internacionalização da Escola de Uppsala, que se atém ao processo gradual de aquisição de conhecimento sobre o mercado externo. As empresas avançam etapas em que gradualmente comprometem mais recursos com o mercado externo. A perspectiva de redes estabelece que as escolhas de internacionalização são afetadas pelas relações entre os agentes. Por fim, a perspectiva *International Enterpreneurship View* prevê que as empresas, desde sua criação, já planejam a inserção internacional, como foco sobre o tomador de decisão.

3. b
4. d
5. b

Questões para reflexão

1. Para responder a esta questão, é necessário primeiramente que você escolha uma empresa que se internacionalizou. Depois, utilize os elementos apresentados a respeito das teorias econômicas da internacionalização para explicar essa inserção.

2. Deve-se, da mesma forma que a questão anterior, eleger uma empresa multinacional ou transnacional e aplicar os pressupostos teóricos das correntes comportamentais para entender o fenômeno de internacionalização.

Capítulo 4

Questões para revisão

1. Mesmo com obrigações internacionais, em geral, as empresas ignoram suas atribuições constitucionais. As corporações multinacionais impactam a qualidade de vida das regiões em que se inserem, positiva ou negativamente, nos países que as abrigam. Essas corporações atuam em cadeias produtivas, utilizando mão de obra e empregando uma quantidade elevada de trabalhadores, bem como utilizando recursos ambientais, muitas vezes de modo irresponsável. Com o objetivo de aumentar sua produtividade e seus lucros, muitas empresas violam os padrões trabalhistas, ambientais e de direitos humanos mínimos, o que é mais evidente em países que têm instituições frágeis e sem monitoramento dos impactos das atividades das grandes empresas.

2. Para os latino-americanos não há razão para urgência, sendo bastante atrasados em seus encontros, o que acontece muito no Brasil, diferentemente dos Estados Unidos. Os latino-americanos valorizam a posição de cada pessoa, não pelo que ela faz, mas pelo que ela é, o que é diferente dos norte-americanos, que valorizam o mérito e a capacidade. Os latino-americanos são mais emocionais e usam muito a linguagem corporal, sendo informais nas negociações. Com esses negociadores mantêm-se um distanciamento físico muito menor do que nos Estados Unidos. Na América Latina, o sorriso é valorizado, assim como os gestos expressivos com mãos, braços e rosto.

3. a
4. b
5. c

Questões para reflexão

1. Na decisão de onde investir, o primeiro elemento considerado pela empresa é a projeção de custos de produção e dos preços cobrados pelos produtos para poder analisar o lucro envolvido. O segundo aspecto é o ambiente de negócios do país receptor, se é amigável ou não. Esses aspectos definem se um país é atrativo ou não para investidores estrangeiros. Outro elemento fundamental são as políticas governamentais para o investimento externo direto que o país candidato possui. Se o governo tem predisposição a facilitar as negociações, o país torna-se mais atrativo. O Brasil foi atraente para a indústria automobilística, pelas isenções fiscais e demais concessões realizadas pelos governos na década de 1990. Ademais construiu uma rede de rodovias que popularizou os carros. Outro ponto atraente do Brasil é a alta população e o perfil de consumo e endividamento elevado do brasileiro. Contudo, nos últimos anos, o Brasil tem se

revelado pouco atraente para os países, pois as políticas governamentais não têm sido atrativas e o ambiente político e econômico está instável e não favorável a investimentos externos diretos.

2. A Índia tem um governo mais aberto, mas não tem políticas de atração ao investimento, como a China. Aquele país optou por outro caminho, pois os gestores políticos não abandonaram suas crenças e tradições. O governo indiano, nas décadas de 1980 e 1990, determinou políticas limitadoras do investimento externo direto, com exigências e regulamentações pouco convidativas. Muitas fábricas fecharam, e o país se tornou indesejado para investidores externos. Outro aspecto que desestimula os investimentos estrangeiros é a infraestrutura física do país, inferior em qualidade em comparação com a China. Além disso, os incentivos financeiros ainda são mínimos em relação aos países de custo comparáveis e as regras fiscais são pesadas. As leis trabalhistas são mais restritivas do que na China. Desse modo, os investidores consideram a China "mais orientada para negócios" do que a Índia. A maioria compartilha a opinião de que a China tem mais políticas favoráveis ao investimento externo. Contudo, observamos nos últimos anos avanços impressionantes da Índia no setor de serviços, especialmente em tecnologia da informação. Nesse caso, o governo interfere menos nos negócios, o que colaborou para a entrada de subsidiárias nesse setor. Ambos os países têm situações sociais complicadas, tendo as maiores desigualdades sociais do mundo. Assim, embora a China cresça em termos de PIB, ainda precisa promover maior distribuição de renda, melhorar os serviços e aumentar seu potencial inovador tecnológico para poder se equiparar a grandes economias, como os Estados Unidos.

Capítulo 5

Questões para revisão

1. A princípio, as empresas multinacionais não têm objetivos políticos, buscando aumentar produtividade e lucros. Porém, como um grupo dominante fornece acesso a esse mercado, suas operações em geral tendem a favorecer esse grupo. As empresas provenientes de países mais poderosos difundem os estilos de vida para os consumidores desse novo mercado, tendo influência ideológica e cultural considerável. Em muitos casos, a cultura nacional passa a ser testada e tem sua importância reduzida diante da nova cultura importada. Os investidores das grandes empresas, por sua vez, também tendem a colocar dinheiro em alguns setores, os quais podem beneficiá-las, mas não em todas as indústrias e regiões, tendo impacto concentrador sobre as economias que as recebem.

2. Com a interdependência nas décadas de 1970 e 1980 entre os Estados, alguns autores defendem que os governos passaram a reconhecer a dependência de recursos escassos controlados pelas empresas transnacionais. As alterações nas esferas tecnológica, financeira e política exigem dos Estados a cooperação com as empresas multinacionais. Os autores argumentam que, além da diplomacia convencional entre Estados, as empresas transnacionais utilizam-se de certas alianças para enfrentar os diferentes desafios impostos no cenário global, bem como os Estados precisam negociar com essas empresas, o que é denominado *diplomacia triangular*, que permite uma interação entre as três esferas de poder. Essa nova forma de diplomacia exige novas habilidades dos atores.

3. d
4. a
5. e

Questões para reflexão

1. Para responder a esta questão, você deve selecionar uma empresa que atua em vários países, como Ford ou Walmart, e analisar o relacionamento entre ela, o país de origem e os países receptores, aplicando as concepções verificadas no capítulo e buscando discutir se a empresa limita o poder dos Estados ou aumenta o controle desses Estados sobre outras economias.

2. Não há um consenso sobre a redução do poder do Estado com a existência das empresas transnacionais. Para Huntingon (1993), a existência dos Estados não é colocada em xeque pelas empresas, pois tem objetivos e funções distintas. Embora possam estar em conflito, em alguns casos trabalham em conjunto. Assim, para o autor, as empresas multinacionais não competem com os Estados. Então, em vez de discutir a concorrência entre Estado e empresa, o ideal é debater a coexistência entre esses atores. Você pode adotar a perspectiva que lhe parecer mais fiel aos fatos empíricos.

Capítulo 6

Questões para revisão

1. Verifique os elementos da evolução histórica da Marcopolo. Lembre-se de que a experiência de exportação da Marcopolo, o assessoramento técnico oferecido aos importadores e a proximidade psíquica influenciaram as estratégias da empresa. Ademais, ela respeitou o avanço em etapas, como se propõe na Escola de Uppsala.

2. Observe os aspectos históricos de inserção internacional da JBS-Friboi. A empresa evoluiu sua inserção internacional em etapas, indo da exportação ao investimento externo direto. Ela iniciou sua internacionalização nos países vizinhos, o que é explicado pela ideia de distância psíquica da Escola de Uppsala. Além disso, aproveitou de suas vantagens de propriedade.

3. Verifique o avanço histórico da empresa. O Boticário utilizou-se de redes de confiança para se estabelecer, adotando a estratégia de franquias, com vistas a reduzir riscos. Ademais, O Boticário não tinha uma estratégia clara de inserção internacional.

4. b
5. c
6. a

Questões para reflexão

1. De modo geral, as empresas brasileiras tiveram um processo lento e gradual de inserção externa, optando por situações com menos riscos, como *joint ventures*, franquias e aquisições. Há pouco incentivo por parte dos governos para expandir as atividades internacionais e os maiores obstáculos que essas empresas enfrentam são a dificuldade de competir no cenário internacional, em virtude da escassez de recursos tecnológicos e das vantagens competitivas, a não serem empresas com baixa intensidade de capital (empresas do setor alimentício por exemplo). Isso ficou ainda mais evidente no governo Bolsonaro. Além disso, as empresas brasileiras precisam saber aproveitar as oportunidades e contar com profissionais capacitados para assessorar o processo de internacionalização e modificar as estratégias caso seja necessário. Apesar das dificuldades citadas, percebe-se que existem perspectivas de expansão das atividades internacionais das firmas brasileiras, o que denota um otimismo dessas companhias em relação a uma melhora da inserção internacional do governo brasileiro a partir de 2023, o que pode favorecer as operações externas.

2. Você pode escolher qualquer empresa brasileira para estudar, buscando se concentrar no processo de expansão histórica da internacionalização e nas estratégias. Sugestões: Petrobras, Gerdau, Embraer, Perdigão, Embraer, Havaianas, Localiza. Busque aplicar as teorias econômicas e comportamentais à análise das peculiaridades da projeção internacional de cada companhia.

Sobre a autora

Ludmila Andrzejewski Culpi tem pós-doutorado em Ciência Política pela Universidade Federal do Paraná (UFPR) e é doutora em Políticas Públicas pela mesma instituição. Em virtude das pesquisas que desenvolveu nesses dois períodos, especializou-se no tema *migrações internacionais*. É mestra em Ciência Política pela UFPR, na linha de pesquisa de Relações Internacionais, e é graduada em Relações Internacionais pela UniCuritiba e em Economia pela UFPR. Leciona disciplinas relacionadas a relações internacionais, economia e ciência política nos cursos de Ciência Política e Relações Internacionais do Centro Universitário Internacional Uninter, bem como no curso de Negócios Internacionais da Pontifícia Universidade Católica do Paraná (PUCPR). Desenvolveu uma pesquisa de doutorado-sanduíche em 2015, com duração de um ano, na Universidade de Liège, na Bélgica, com financiamento da Coordenação de Aperfeiçoamento de Pessoal de Nível Superior (Capes). É pesquisadora do Núcleo de Estudos e Pesquisas em Relações Internacionais (Nepri) da UFPR. Foi professora visitante do curso de Ciências Econômicas da UFABC entre 2021 e 2023.

Impressão:

Sobre as autoras

Maria de Fátima Fernandes Vara é mestre em Educação e Trabalho (subárea Educação e Saúde) pela Universidade Federal do Paraná (UFPR); especialista em Anatomocinesiologia do Aparelho do Movimento pela Universidade Tuiuti do Paraná (UTP); e graduada em Fisioterapia, pela UTP, e em Educação Física, pela UFPR. É professora de Educação Física Adaptada e Cinesiologia Fisioterapêutica da Associação dos Deficientes Físicos do Paraná (ADFP), em parceria com o Clube Duque de Caxias (em Curitiba). Trabalhou no Comitê Organizador dos Jogos Olímpicos e Paralímpicos Rio de Janeiro 2016. Foi gerente de serviço esportivo paralímpico de 2015 a 2016. Atualmente, é líder (*head*) de Classificação Funcional da Federação Internacional de Canoagem – International Canoe Federation (ICF).

Thaís Pacheco é mestre em Biologia Celular pela Universidade Federal do Paraná (UFPR); especialista em Magistério Superior pela Universidade Tuiuti do Paraná (UTP); e graduada em Ciências Biológicas pela UFPR. É professora da Faculdade Paranaense (Fapar) nas disciplinas de Anatomia Humana e Anatomia dos Sistemas, para o curso de Nutrição, e Primeiros Socorros, para o curso de Fisioterapia.

Os papéis utilizados neste livro, certificados por instituições ambientais competentes, são recicláveis, provenientes de fontes renováveis e, portanto, um meio sustentável e natural de informação e conhecimento.

Impressão: Optagraf
Julho/2021